Paul MOLYNEUX
LE SANG DES AIGLES
Nnes Éditions Argo
PARIS

LE SANG
DES AIGLES

PAUL MOLYNEUX

LE SANG DES AIGLES

Nlles ÉDITIONS ARGO (N. E. A.)

7, Rue Honoré-Chevalier — PARIS-6e

I

Dans la chambre à peine éclairée, je m'éveille et je songe...

Ce soir, je repartirai pour la guerre, après avoir cru pendant des mois en avoir fini avec cette histoire ridicule. Après mes six premiers mois d'hôpital, le tonnerre du front n'éveillait plus en moi que des souvenirs très vagues, et j'avoue à ma honte que, vue à travers les journaux, la grande angoisse de Verdun me paraissait peu de chose à côté de mes misères personnelles. Pendant quelques mois encore j'ai traîné, la table d'opération deux fois par jour, un litre et demi de lait pour faire la fête, et une orgie de livres pour passer le temps.

Et peu à peu, lentement, je suis retombé dans la vie normale; dans ce qui, par une ironie singulière, est la vie normale de nos jours pour un garçon de vingt ans. J'ai passé les mois d'été en convalescence, au bord de la mer. Il y a quelques jours encore j'étais assis bien tranquille au soleil sur un bloc de rocher, au bout de la jetée de Banyuls. Les bateaux de pêche sortaient dans la lumière du soir, leur grande voile triangulaire montant haut dans le ciel clair. Peu de vent. Les catalans s'en allaient doucement vers le large, à peine soulevés par des vagues lentes, dans un silence et un apaisement sans fin. En ai-je passé, quand j'étais petit, de ces soirs très doux d'été, à pêcher seul dans les rochers! J'y mettais une telle passion que j'en oubliais l'heure, et seules les dernières voiles latines, noires sur le soleil bas comme d'immenses ailerons de requins, me rappelaient qu'il était temps de rentrer. D'autres maintenant continuent cette vie, à l'abri de la menace, tandis qu'il me faut repartir vers l'inconnu trop certain. Pourquoi moi particulièrement entre tous, alors que la vie m'attire? Avec les premiers jours froids d'automne, elle est revenue de nouveau cette certitude glacée du devoir à accomplir. Combien il est facile d'aller au feu une première fois, sans nourrir en soi aucune évocation de destin funeste, et quelle différence lorsqu'il faut y retourner, après avoir longtemps regardé par-dessus le mur du cimetière et s'être laissé reprendre par la vie douce d'autrefois!

Ce sont des réflexions au moins curieuses à faire dans les circonstances présentes car je suis à cette heure couché tout de mon long sur un grand lit bas...

« Nu comme un plat d'argent, nu comme un mur d'église. Nu comme le discours d'un académicien. »

L'abat-jour d'une petite lampe jette discrètement sa lumière dans la chambre bien connue. A chacun de mes passages à Paris, je vais ainsi rendre visite à une amie très chère. Veuve, libre, indépendante, à l'âge où la plupart des jeunes filles songent à se marier, elle m'apparut quelque temps avant la guerre chez des amis communs. Je me souviens qu'à la simple façon dont elle entra dans ce salon, je sentis crier en moi-même :

« Ça, oui, alors! »

Et peut-être, me voyant plus poli que ne sont ordinairement les jeunes, plus large d'épaules aussi, peut-être fit-elle la même réflexion car, sans motif aucun, elle rougit jusqu'aux yeux en piquant du nez dans sa tasse de thé. Alors à mon tour j'ai senti que je tournais à l'écarlate et je pris congé, sous un prétexte quelconque. Depuis, le grand désaxage de la guerre a fait ce miracle, et sans bouger la tête je vois sa robe sur une chaise dont ma tunique occupe le dossier...

Doucement, elle s'est étirée à mes côtés, somnolente. Cinq heures. Dans deux heures je partirai, et nous serons très braves tous les deux; c'est juré, pas une larme. Après, je ne dis pas... Je déteste, j'exècre les attentes et les adieux de quai de gare; le train qui se met à glisser lentement, comme un couperet de guillotine. Dans deux heures je partirai. J'irai souper tout seul dans un petit restaurant que je connais, près de la gare de l'Est, où pullulent les poilus permissionnaires, et à les voir vivre, à les écouter, le courage me reviendra. Il me reste deux heures de vie aimante, dans l'intimité calme d'un bonheur très doux, puis la Guerre montera vers moi comme une grande houle et me reprendra corps et âme. Je ne ferai pas comme ces nageurs stupides et apeurés qui battent l'eau avec des clameurs dès qu'ils ont perdu pied, je sais fendre la vague inlassablement et filer entre deux eaux comme un triton. Mais il faut toujours commencer par se jeter à l'eau, et je sens qu'au sortir de cette chambre l'eau sera froide.

II

Dans le compartiment où j'entre ils sont deux... un général et un soldat de coloniaux. Doucement le train s'escrime au milieu du dédale de voies du Bourget sautant sur les innombrables aiguillages. A cette allure, je ne serai pas à Châlons avant demain soir... surtout que nous voici arrêtés... et maintenant nous repartons en arrière. Un coup de tampon et tout s'arrête. Peut-être sommes-nous là pour cinq minutes, peut-être pour un jour.

Dignement, le colonial ouvre ses musettes et déballe. Il en extrait deux pains, une dizaine de boîtes de thon et de sardines, un énorme jambon, une bouteille de rhum, mais il a l'air soucieux, il cherche encore, retourne ses poches et soupire. Le général a laissé tomber son journal et brusquement, à la vue de ce magasin d'épicerie, il s'esclaffe. Le rire me gagne également. L'épicier nous imite, mais garde son air désappointé. Finalement il éclate :

— J'avais six paquets de tabac sur le dessus, mon général, mais un fumier me les aura fauchés sur le quai de la gare!

Quel dommage que je ne sois pas fumeur!

Mais le général, pêchant une valise dans le filet, en tire un paquet, puis deux, quatre, cinq, six qu'il aligne à son tour sur la banquette. L'homme a bondi :

— Mon tabac!

Et tout de suite, très rouge :

— Oh! pardon, mon général, ça m'a échappé!

Cette fois c'est une tempête. Le général pleure de joie en donnant de grands coups de poing dans les coussins et j'exécute au milieu du compartiment un pas de danse qui ne manque pas de caractère. Le calme renaît. Le général sort de sa valise un septième paquet et bourre une courte pipe. A ce moment une silhouette mince s'encadre dans la portière et une voix grêle déclare :

— Les hommes de troupe n'ont pas droit à voyager en première !

C'est un capitaine de hussards, en pelisse bordée d'astrakan, le képi cerclé du manchon blanc des Etapes. Le soldat passe sans mot dire son ordre de transport que le hussard épluche, puis la voix grêle reprend :

— Vous êtes chevalier de la Légion d'honneur ?

— Entre autres choses, mon capitaine.

L'officier hésite. D'un geste magnifique, l'homme quitte sa capote. Sur sa vareuse bleue, le Maroc et la Chine chantent la gloire ancienne, entre la coloniale et la croix belge. Au-dessus, sur un rang, la Légion, la Médaille et le rouge et vert piqueté d'étoiles et de palmes. Il porte le galon de premier soldat. La voix du général s'élève :

— Je connais personnellement cet homme, capitaine.

La portière se referme. Le soldat reste cloué sur place :

— Brulard !

— Ah ah ! la Bête a vieilli mais la voix est toujours la même, vieux marsouin !

Le visage du soldat a pris une expression de profond respect dont je ne l'eusse point cru capable.

— Je ne vous avais pas reconnu, mon général, et pourtant c'est vous qui m'avez donné la médaille à Marrakech.

— Et où rejoins-tu maintenant, Marteleau?

— Oh! le général se rappelle mon nom...

Sans bruit je me suis levé et j'ai filé vers le couloir. Les affaires de famille ne me regardent pas.

Le train a fini par se remettre en marche et les lumières de la banlieue ont disparu dans le noir. Je songe à ce chef de légende, survivant des fabuleuses expéditions qui nous ont donné l'Afrique. Tout le long de la guerre les Allemands ont exécré et redouté l'apparition de ses fanions terribles, l'ancre de l'infanterie de marine, le croissant et la queue de cheval verte des tirailleurs et des Marocains. Je me souviens du poste de secours où nous étions côte à côte, le grand Marchand et moi. Ayant appris que je venais de survoler tout le front de Champagne, il avait fait porter son brancard à côté du mien et m'interrogeait, par phrases brèves. Il me faisait préciser l'avance, Maisons-de-Champagne, Tahure, Massiges, Beauséjour, et l'assaut de ses hommes vers la ferme Navarin, et soudain ce chef que l'on m'avait toujours dépeint comme dur et implacable eut un gros sanglot qui secoua sa blessure et le fit se crisper horriblement, et il murmura tout bas avec de grosses larmes :

— Ah! pauvre Coloniale!

En voulant me tourner vers lui, j'eus une défaillance et quand je revins à moi on l'avait emporté...

...La porte a claqué derrière moi et l'homme est sorti. Il est venu s'accouder contre la vitre à mes côtés et m'a soufflé :

— Le général dort!

J'ai souri. Dans le vacarme du train il a peur de le réveiller, peur de parler haut. Il tire sur sa pipe et rit à son tour.

— Je fume son tabac mais je lui ai refilé mon rhum.

Et soudain, dans un grand élan :

— Dites, mon lieutenant, vous avez vu quand le Marquis de la Cavalcade est venu m'em....bêter avec son petit col en mouton frisé, comme le Vieux l'a envoyé rebondir! Il avait reconnu Marteleau lui. Et moi qui ne le reconnaissais pas! Et savez-vous ce qu'il m'a dit, sais-tu, fils, ce qu'il a dit à Marteleau? Tu en as trop fait pour retourner bêtement tenir les tranchées, n'importe qui peut faire ça. Tu vas venir avec moi et tu seras mon coureur. Quand tout le monde se fourre au fond des abris, tant ça bombarde, et que le téléphone est coupé, c'est alors que j'ai besoin de causer avec l'artillerie, tu comprends. Mais ceux que j'envoie, ou bien ils sont tués en traversant les barrages, ou bien ils se fourrent dans une sape et n'en bougent plus, tandis qu'avec toi je serai tranquille : tu ne te dégonfleras pas et tu ne seras pas tué à la guerre parce que tu es né pour être pendu. Alors je lui ai fait : « Mon général, pour ce qui est de se planquer, vous connaissez Marteleau, et pour ce qui est d'être tué en me cavalant dans les boyaux, je connais un fameux truc : plus ça pète, plus je cours vite. Alors il m'a dit : Marteleau, tu peux graisser tes chaussures, je te garantis que tu vas voler, alors! »

Il ne me regarde plus, il regarde sans voir

dans la nuit à travers la vitre embuée, et quand après un silence je louche vers lui je vois couler sur sa peau tannée la larme de Marchand mort.

Entre la vie que je quitte et celle vers laquelle je marche la rupture aura été brutale, mais magnifique.

III

A Châlons, nous nous sommes quittés. Le général a fait monter Marteleau dans sa voiture,
à côté du conducteur. Lui-même a calé à ses
pieds avec sollicitude sa valise et les précieuses
musettes. Deux sourires, deux poignées de
main, et les voilà partis. Quand j'aurai pris pied
dans le secteur, j'irai leur demander à déjeuner.

Devant la gare, une file de camionnettes gri-
ses. J'ai vite repéré, au vacarme qui s'élève
d'un bout de la ligne, les camionnettes de l'aviation. En voici deux, trois, pleines de gens iné-
narrables. Voici bien ma digne garde nationale : hommes en képi, hommes en béret, sous-
officier en chéchia, ça n'a pas changé depuis
mon temps.

— Qui peut me poser à Sommes-Vesle?

Les nez se lèvent.

— Vous avez des cantines, mon lieutenant?

— Deux.

— Alors, fait le conducteur en prenant mon bulletin, tout va bien, vous pourrez vous asseoir dessus. Tous les bancs sont occupés.

Sous la bâche, la bande des mécanos se gondole. On pousse des cris d'animaux, en appelant Minet, Azor et Jacquot-le-perroquet. C'est le moment :

— Allez-vous sortir de là-dessous, tas de bleus! De mon temps quand on chargeait un nouveau on criait tous : ça s'arrose!

Et à grands coups de canne je tape sur la bâche d'où s'élève un nuage de poussière... Un grand cri :

— C'est un frère!

Et la voiture vomit son contenu. Ils étaient bien quinze là-dedans, empilés comme des harengs, qui sans autre forme de procès s'engouffrent dans le bistrot en face la gare. Là, un d'entre eux me reconnaît, et fait part de sa découverte à son entourage :

— C'est Péral, les gars, Georges Péral de la 61, celui qui a descendu la saucisse en Argonne et les deux Fritz à Reims. On disait qu'il avait été tué par Bœlke, mais le voilà, c'est bien lui.

— T'es sûr?

— Tu parles, j'étais à son hangar, même que c'est moi à la forge qui lui faisais chauffer de l'eau pour se raser, alors! C'est un as avec des palmes, la banane, la croix et tout le tremblement.

La porte s'ouvre, le conducteur entre.

— J'étais sûr de vous trouver là, bande de vaches. Où est le lieutenant?

Je me lève en saluant et les rires recommencent. Un nouveau défilé de bouteilles de vin blanc et nous partons. Comme je suis un « frère » on m'a donné « la belle place » à côté du conducteur, et un sac à distribution bien sale, plié en quatre, pour mettre derrière mon dos. Sitôt sortis de Châlons, les chants s'élèvent, et sur la grand'route de Sainte-Menehould c'est un déchaînement de musique bouffonne. Il y a des moments, quand nous croisons des convois de camions, où la poussière me fait pincer les lèvres et fermer les yeux, mais nos enragés ont du vin blanc dans le cornet et la vocifération ne faiblit pas un instant, coupée seulement de temps à autre par un intermède martial sur l'harmonica. Un gendarme à cheval nous arrête, curieux de savoir où va cette noce. Ayant reconnu l'insigne, il nous relâche, sans plus insister, habitué sans doute à ces enfants terribles. Un grand cri d'admiration :

— Un! deux! trois! Vive le genda-â-arme!

Pandore salue du haut de sa bique, le casque à la main, tel Fallières du haut de sa Deaumont. L'harmonica lui joue la *Marseillaise* et nous arrivons, en sautant à travers prés dans les fossés et les taupinières à une ligne de hangars camouflés. Mais dès que, sautant de mon siège, je demande à me présenter au chef d'escadrille, le silence tombe, lourd. Le capitaine Vérin a été tué cet après-midi en combat, loin dans les lignes, derrière Tahure.

IV

Sur un coup de téléphone de l'Armée, j'ai
pris le commandement de l'escadrille. C'est normal, militairement parlant, vu que je suis le
plus ancien lieutenant et le plus ancien pilote,
mais c'est terriblement gênant. Je ne connais
rigoureusement rien ni personne ici. Pour commencer, j'ai fait venir Brémond, l'officier en
second, et je l'ai chargé de la lettre classique à
la famille du capitaine Vérin. Il m'a regardé en
coin, avec l'air de trouver que je lui flanquais
pour célébrer ma bienvenue une corvée plutôt
importante. Cependant il a fini par convenir
que, n'ayant jamais vu Vérin de ma vie, j'étais
mal placé pour écrire aux siens. Maintenant il
est installé dans la baraque qui nous sert de
bureau, et avec l'aide du chef et du fourrier il

compose son épître. Dehors, la brume et la pluie.

Je traverse le terrain pour aller aux hangars. Malgré quelques flaques, le sol est dur, roulant, bien pourvu de gazon rèche et de grandeur suffisante. A la corne d'un petit bois, sous les sapins, nos baraques; le long des platanes de la route, les Bessonneaux. On doit voir peu de choses de là-haut. Bon terrain.

Sous les hangars, les mécaniciens travaillent dur. Je reconnais ma clique d'hier, et je suis forcé de convenir que mes bambocheurs savent à l'occasion abattre un boulot terrible. Les moteurs neufs, car j'ai appris avec stupeur qu'en plus de mes bagages et de toute cette foule, la camionnette contenait trois hispanos, les moteurs neufs sont là et l'un d'eux est même déjà monté sur un Spad. Je n'ai pas besoin d'explication. Hier, en apprenant la mort du capitaine, ils se sont mis à la besogne et ils ont travaillé toute la nuit. Ça se voit à leurs figures tirées. Mais au premier rayon de soleil les avions au complet s'aligneront devant les hangars comme des bêtes mauvaises. Les hommes parlent à voix basse, comme si le corps de Vérin était là, au milieu d'eux au lieu d'être resté loin chez les Boches. Les uns après les autres, ils lèvent le nez de leur travail et glissent un regard vers le « nouveau ». Le sous-officier seul m'a salué, et le travail ne s'est pas interrompu pour si peu. J'aime ces manières brusques : le résultat d'abord, la besogne avant toute chose. En aviation, tout ce que le principe « Régiment » gagne de terrain, la formule « Atelier » le perd. Ici nous sommes un atelier avant tout, quitte les jours de prise d'armes à déguiser les compagnons en force armée, pour l'édification de nos visiteurs et la rigolade interne de toute la bande.

— Le vôtre, mon lieutenant?

Ah ah! voilà un avion qui n'est à personne. Voyons... Un 220 chevaux bi-mitrailleuse, tout neuf. Pas une marque de balle sur les plans, un moteur qui a à peine tourné.

— Vous me gâtez, mon ami?...

— Ah, mon lieutenant, jamais vous ne retiendrez mon nom... je m'appelle Durand! Georges, Amable!

— En effet! eh bien vous me gâtez, Durand.

— C'est le capitaine qui vous l'avait choisi.

Il nous a dit comme ça : les gars, il me faut un Spad un peu torché, parce que...

Qu'a-t-il donc à bafouiller, le sergent Amable Durand?

— Parce que, continue une voix dans le fond du hangar, parce que le lieutenant qui arrive, ça n'est pas une nouille, c'est Péral dont vous avez sûrement entendu parler, Péral qui les dégringolait comme les corneilles abattent des noix. Il lui faut un outil, à ce garçon, sans ça il est fichu de demander à changer d'escadrille, et vous, les mécanos, vous n'oserez plus montrer votre nez. Voilà ce qu'il disait, le Pitaine.

— Bon Dieu! vous là-bas, vous voulez me faire rougir! Quel est l'animal qui m'enguirlande et qui se cache là au fond?

Le poilu s'avance. Il est boiteux, et sa jambe traîne bas, mais à part cela c'est un colosse. Son torse, sous la mince cotte bleue, s'annonce formidable et l'on aurait presque peur de lui sans l'expression enfantine de ses yeux bleus.

— Péruwelz, dit Péru, mon lieutenant. Le mécanicien du capitaine Vérin. Il était à la 4 quand Vérin n'était que lieutenant et il a eu la jambe cassée d'une balle avec son patron, il y a six mois. Les toubibs voulaient le réformer mais il a suivi le capitaine.

Péruweltz se dandine sur sa bonne jambe et rougit à son tour, comme une fille. Sur l'étau la lime grince toujours, l'armurier calibre ses douilles et n'a pas tourné le dos, le travail continue et je n'ai pas non plus tourné la tête mais je sais que mon sort à l'escadrille va se régler là.

— Alors Péruweltz, maintenant que le capitaine est mort, tu vas écouter les majors?

— Ça n'est pas mon idée.

— Alors veux-tu être mon mécano? Je suis votre nouveau chef d'escadrille depuis ce matin.

La lime s'est arrêtée. Tous se sont retournés et me regardent comme s'il ne m'avaient pas encore vu. Péruweltz contemple le bout de ses galoches et tourne et retourne la proposition.

— ...Parce que vois-tu, Péruweltz, au sortir de convalo je suis maigre comme un clou, et toi tu es gros comme une vache. Alors jamais tu n'en trouveras un qui te laisse autant de place pour tes coudes quand nous repartirons dans le biplace comme tu en as envie, dès qu'il va faire beau!

Qu'est-ce que j'ai dit là!... Le géant a bondi et il m'administre à toute volée des coups retentissants dans le dos, en marque de bon vouloir. Et tout à coup il beugle :

— Ah dis donc! Ah dis donc! Ah mon lieutenant, quelle danse on va leur flanquer! En Spad-bi avec Péral... mais il y en a qui paieraient cher pour faire la virée! Ah mon lieutenant, mon lieutenant! Ils ont eu le capitaine en s'y mettant toute une clique mais puisque vous voulez de moi... serrez ça!

Il en tremble, le gros Péruweltz, et il me broie les doigts dans sa main rude, large comme un jambon. Autour de nous, toutes les figures se sont éclaircies. Le travail a repris sur tous les établis. Sur le moteur neuf, l'hélice s'ajuste à petits coups de clef justes, précis, sans secousses. J'ai hérité d'un mécano qui ne me lâchera pas.

— Péruweltz?

— Patron?

Oh oh! il me donne du « patron »! Alors

ça y est, c'est une affaire faite, je suis bien son type décidément.

— Péruweltz, vas-t-en à mon bureau, tu verras le lieutenant Brémond, qui écrit aux parents du Capitaine. Tu lui diras de ma part que je t'ai prié de mettre un mot au bas de sa lettre, et qu'il te passe le papier.

Fier, mais embarrassé à l'idée des écritures, Péruweltz se lave les mains dans un bac d'essence. Je prends Durand sous le bras et je sors du hangar. J'ai certaines bouteilles dans ma cantine que je veux confier au sergent, pour faire la tournée de l'atelier. Durand marche sans mot dire, mais en passant devant la forge il s'arrête et, me montrant du doigt par-dessus son épaule, le foyer rouge :

« Vous voyez ça, monsieur Péral, hé bien jetez-y un caillou et Péruweltz ira le chercher avec les dents comme un toutou. »

Maintenant allons voir les pilotes.

V

On ne saurait mieux se présenter qu'à table, et malgré la pluie qui redouble l'escadrille a bien fait les choses. Pour la circonstance, les lieutenants se sont invités chez les sous-officiers, qui ont un cuisinier de premier ordre. Avec les ressources réunies des deux popotes, ils ont préparé un vrai festin et j'en suis d'autant plus touché que la perte du capitaine pèse lourdement sur l'escadrille. Dès que j'entre dans la baraque, tous se lèvent, et Brémond en qualité de plus ancien officier m'adresse quelques mots de bienvenue. Je remercie, et, prenant un verre, je le lève vers la photo de Vérin, clouée au mur par quatre punaises. Plus heureux que moi, ils ont eu l'honneur de l'avoir pour chef, mais anciens et nouveaux son exemple nous guidera tous. Là-dessus mes amis, en

3

attendant d'abattre de bonne besogne, tenons-nous les pieds chauds et buvons du bon puisque nous avons la chance de pouvoir le faire. Cette philosophie là m'a l'air de ne rencontrer que des adeptes autour de moi.

Je fais le tour de la table, et Brémond me présente les convives. Villars, notre sous-lieutenant, qui vient d'être nommé officier, a de bonnes joues roses et rappelle irrésistiblement les affiches du Bébé Cadum. Il répond d'ailleurs à ce surnom et tous, même les deuxièmes classes, semblent le considérer affectueusement comme un poupon qui rit aux anges.

Au reste, ajoute Brémond, excellent pilote et combattant de premier ordre.

Et voici Villars parti à rougir comme un champ de coquelicots en pleine floraison. L'adjudant Renaud nous vient des dragons, dix-sept ans de services, la médaille et cinq citations.

Des dragons, pérore Brémond, on l'a vidé aux auto-mitrailleuses, de là on l'a vomi aux canons de tranchée qui ne l'ont pas gardé plus longtemps, et il a fini par être éjecté dans l'aviation comme inapte intellectuellement à faire un garde-manège. Là ne sachant qu'en faire on l'a breveté pilote et on nous l'a envoyé. C'est le chien de quartier selon Courteline, l'adjudant Flic du Train de 8 h. 47. En temps de paix sa figure affable et souriante lui avait valu des dragons le gentil surnom de « Face de fer ».

— A part ça cette brute épaisse m'a sauvé la vie il y a deux mois.

Au milieu des éclats de rire, ils s'embrassent à bras le corps à la manière des ours, et Renaud qui m'a l'air d'une largeur d'épaule peu commune en profite pour fesser Brémond qui crie au secours.

— Sergent Nevers, Maréchal des logis Duc, sergent Dubreuil, sergent Pont. L'élite de l'armée française puisqu'ils ont été jugés dignes de nous avoir comme chefs. Duc dans le civil est cultivateur-labourateur, Pont acteur d'opéra-comique, Nevers mécanicien et Dubreuil fils à papa. Ils prétendent être venus à l'aviation pour abattre des boches, mais je les soupçonne d'avoir songé surtout à plaire aux filles. Moi, Brémond, qui suis un homme franc et naïf, j'avoue que j'en avais assez de piétiner la tranchée, mais ces Messieurs n'en conviendront jamais. Duc! si vous ne vous arrêtez pas tout de suite de faire votre nœud coulant au bout de cette corde vous aurez affaire à moi. Durand, le mécanicien, et Drevet, le chef. Durand fait son possible pour que nous restions en panne de l'autre côté, et ce afin de partager avec Drevet notre solde arriérée. Enfin Tardivel, le sergent des autos, dit « l'affreux naufrageur » à cause de sa propension à verser au fossé nos précieuses personnes, et Lestiboudère, le caporal armurier, sous-officier honoraire par ses fonctions...

« ... Et que je vais faire nommer en pied, mon cher Brémond, pour compléter notre heureuse famille. Et maintenant, à table. Patrouille de quatre avions à trois heures. Vous garderez le commandement quelques jours car je veux faire d'abord quelques sorties seul, pour faire passer ma frousse. »

Autour de moi, les jeunes me dévisagent, la bouche ouverte et les yeux écarquillés. Les vieux renards rigolent et Renaud approuve, la bouche pleine :

— Ça c'est parler, mon lieutenant. Jean-foutre qui dit n'avoir pas eu peur à la guerre.

Quand je suis rentré de ma première blessure, je suis monté la nuit même à Vauquois avec des marins et un canon de 37 et je sais ce que c'est. J'avais la colique dans les boyaux c'est le cas de le dire !

Mais un vacarme infernal s'élève au bout de la table, il y a des chaises renversées, des assiettes qui roulent et une grande clameur d'exécration :

— Il a parlé service !

— Non !

— Si !

Duc est terrassé et trois ou quatre de ses camarades sont assis sur lui. Le chef apporte une pancarte crasseuse et beugle :

— Article 21. Quiconque parlera de service ou d'aviation à table sera dévoré par les lions.

Voici les lions ! Deux chiens pelés, roquets au nez pointu et à la queue en trompette. Ils ont l'air de bien connaître leur rôle et de s'amuser autant que leurs maîtres. On les a paraît-il peints en bleu horizon le mois dernier. Ils ne se reconnaissaient plus et se faisaient peur l'un à l'autre. Maintenant la couleur a lâché par endroits et ils ont un aspect arlequin du plus haut comique. On les pose sur le ventre du coupable qui essaye en vain de se dégager, et le vacarme reprend.

— Ah, Ah!... Bob, brave chien, mange-le, lèche lui la figure! Acré, saute après!

— Lâchez-moi, bande de bourriques!

— Mange-lui les oreilles, capucin de moine (ça c'est Lestiboudère).

Les jeux du cirque prennent fin. Duc se relève dans un tel état que les cris de joie redoublent, et je regarde au mur la photo où sourit le capitaine Vérin qui a su créer l'âme de cette escadrille.

VI

Seigneur, quelle paperasse!

J'ai débuté dans mes fonctions officielles de chef d'escadrille, non point en menant mes hommes au feu, mais en allant me calfeutrer dans un petit Adrian avec le chef et son secrétaire. Drevet, mon sergent-major, est le mortel le plus sphérique que j'aie jamais contemplé. Chaque tranche d'un pied de haut doit peser cent kilos. Son scribouillard, Delaplagne, sans atteindre aux rotondités de son chef, fait des efforts louables pour y parvenir. Tous deux sont des fantassins versés dans l'auxiliaire pour leurs blessures. Ils m'expliquent qu'ils ont assez pâti aux tranchées et que maintenant ils ont décidé de prendre la vie par le bon bout. Carrés dans des fauteuils confortables « achetés » je ne sais où mes gaillards prennent leur mal en patience, les bouteilles dans l'armoire et le saladier de vin chaud sous la main.

Au bout de dix minutes, je saisis que mes deux lurons ont projeté de m'estomaquer, et je les laisse me présenter les dossiers à leur guise. Le premier qu'ils me glissent ne comporte pas moins de 35 pièces : lettres, bordereaux, messages téléphonés, etc., etc. Il s'agit d'un fusil Gras qui, à la dernière inspection d'armement, s'est trouvé posséder un canon lisse et absolument veuf de ses rayures. Pas besoin de me dire que mes lascars ayant besoin de lièvres et n'ayant pas de petit plomb ont tiré de la menue ferraille jusqu'à transformation totale du canon.

Je me recueille cinq minutes. Mais on n'est pas étudiant en droit pour rien :

« Delaplagne, écrivez : le lieutenant commandant l'escadrille a le regret d'informer le Service de l'Armement que le fusil Gras Modèle 1874, Tulle 146224 était embarqué à bord de l'avion Spad 1430 du capitaine Vérin, abattu dans les lignes ennemies le 2 avril 1917.

On suppose que le capitaine voulait utiliser cette arme lisse transformée pour tirer à chevrotines sur la saucisse (draken ou ballon captif) de Ville-sur-Tourbe. Le Service de l'Armement est prié de remplacer cette arme en conformité du certificat de perte et du bordereau de demande ci-joints.

> « Le lieutenant commandant l'unité,
> « PÉRAL. »

Un double éclat de rire colossal accueille la fin du message, et mes deux animaux dansent de joie dans leurs fauteuils. Rapidement, ils me soumettent les autres affaires en cours, m'indiquent les solutions, me mâchent la besogne. Tout ira bien de ce côté là, mais quel courrier, quelle paperasse! Il y a de tout là-dedans : notes des services de repérage par le son au sujet d'une batterie antiaérienne, notes sur la tenue des militaires partant en permission de détente, sur le modèle des imprimés sur lesquels doivent se faire au Parc les demandes de pneumatiques, sur le port du casque d'acier par les mécaniciens en service (?), sur un pilote de l'escadrille qui, bien que n'étant pas chasseur d'Afrique, a été vu en chéchia et pyjama bleu pâle — répondez : il est pris bonne note que le pyjama bleu pâle est réservé aux chasseurs d'Afrique comme tenue de repos — rapport sur l'inobservation des marques extérieures de respect lors du croisement de véhicules automobiles.

Les études d'avoués m'ont heureusement appris la règle du jeu :

— Répondez : Pris bonne note de votre ordre N°... qui a été porté immédiatement à la connaissance des troupes par la voie du rapport.

Je monte de cent coudées dans l'estime du chef et de son acolyte. Alors ils me jugent digne d'examiner le grand problème qui passionne l'escadrille et toutes ses voisines depuis un mois.

Un conducteur de tracteur qui revenait de dépanner près des lignes a trouvé, sur une route marmitée, un canon de tranchées abandonné, et cet idiot l'a chargé dans son camion. Pendant huit jours les mécanos se sont amusés de leur nouveau jouet, tant qu'à la fin l'histoire est arrivée aux oreilles de Vérin. Il leur a passé un poil formidable, mais le canon est toujours là. On ne peut plus le rendre, même si l'on savait à qui, car l'unité qui l'a égaré a dû le porter détruit par le marmitage, ou mieux « par les besoins du service » et s'il revenait les canonniers la sentiraient passer. Le détruire serait criminel, le garder est dangereux... vol d'armes, fichtre !

Après deux heures de discussion, je me souviens qu'une brigade de zouaves est récemment arrivée au repos dans notre voisinage. Elle est riche en gorets, produits d'un élevage vigoureux et bien compris. Comme notre cuisinier lui aussi a des déchets et des eaux grasses à ne savoir qu'en faire, le problème revient à savoir combien un canon de tranchées flambant neuf vaut de petits cochons gras. Il y a des ajusteurs et des graveurs à l'escadrille pour maquiller les numéros de la pièce, et à la première attaque les zouaves déclareront l'avoir reprise sur l'ennemi. Ce sera motif à avancement et à citations.

Du coup, le chef demeure muet et me contemple à travers ses lunettes comme un poisson rouge admirant un savant pisciculteur. Delaplagne pousse un formidable juron et sort trois verres suivis d'une bouteille. Ma réputation administrative est d'ores et déjà fondée. Et d'un pas léger je vais me mettre à table en fredonnant : « La Belle Hélène ».

Et voici comme
Un habile homme
Evite tout désagrément.

Au milieu du terrain, je louche en arrière. Mes deux secrétaires, médusés, sont toujours là sur la porte du bureau, occupés à me contempler avec respect. Ah, sainte Bureaucratie, me voilà pris entre deux feux, les Allemands devant et les andouilles derrière. Si je n'écoutais que mes préférences je sais bien ce que je ferais.

VII

Voici mon premier courrier : lettres de ma famille, pleines d'éternelles recommandations de ne pas m'exposer, comme si l'avion et la guerre n'existaient que par ma volonté. Au fond, les miens ne comprendront jamais pourquoi, une fois blessé, je suis reparti.

Lettres des copains, amis d'enfance ou camarades de guerre. Je distingue de suite ceux qui sont au front et ceux qui sont à l'hôpital. Les uns m'envoient une carte brève, quelques mots pour marquer le coup et donner des nouvelles de leur coin du front. Les autres s'épanchent en une prose inlassable, coulante, cicéronienne, où les moindres détails de leurs journées, les racontars des blessés, les galantes aventures de leurs infirmières, la tournée du médecin-chef prennent une importance primordiale, comme vus à travers une lentille grossissante. Quand à ceux qui sont en convalescence, ils n'écrivent pas.

Mais la lettre que j'y cherchais n'y est pas. Au fait, que se dire? Notre séparation est encore si récente... Et en y réfléchissant bien n'est-ce pas à moi de commencer d'écrire, quatre pages de banalités gaies, pour éviter à Madeleine le chagrin de sourire la première, pour cacher sa peine?

VIII

Mon Dieu qu'il faut donc faire figure de pitre en cette vie, et combien, surtout dans l'aviation, le personnage à représenter dépasse et gouverne le pauvre bougre qui l'anime! Hier j'ai demandé mon Spad pour après déjeuner. L'escadrille fournira une patrouille ce matin sous le commandement de Brémond, tandis que je me battrai avec la paperasse, une seconde patrouille à 3 heures sous le commandement de Villars, et j'ai décidé de filer sur le coup de midi et demi. Pour mon retour au feu, je ne veux pas de témoins.

Au fond, j'aurais dû prendre le biplace, pour débuter. Avec un homme dans mon dos regardant ma nuque au travers du casque, j'aurais piqué droit chez eux, au feu de Dieu dans les lignes. Mais l'expérience n'aurait pas été concluante. En monoplace, je verrai si c'est oui ou non. En attendant, le terrain est noir de monde quand je me lève de table, et je me doute bien qu'ils attendent tous le premier décollage du patron.

Péruweltz, bien à la page, m'a apporté mon casque et mes lunettes, avec une solide poignée de main et l'assurance que le moteur tourne rond. Calme en apparence, je l'invite à boire un coup. A l'hôpital, j'ai lu un bouquin anglais publié sous le pseudonyme de « Taffrail » où le héros, racontant sa rencontre avec des croiseurs allemands, déclare :

« *My pipe was in my mouth, but it was mere eyewash and my inside was like a blanc-mange.* »

J'avais la pipe au bec, mais par pur chiqué, car au dedans j'étais comme « Blanc-mange ».

Que diable est-ce là, « a blanc-mange? » Sans doute de ces entremets à la gélatine dont raffolent les Anglais. Quand j'étais gosse, un été à Champéry, il y avait à notre hôtel deux vieilles filles osseuses et britanniques, qui, à chaque repas, se confectionnaient un régal de ce genre avec de la levure, de la gélatine en feuilles et des « poudres colorantes ». Quand elles apportaient leur chef-d'œuvre à table cela dansait comme de la gelée de veau mal prise — « comme une poitrine de vieille dame » disait le maître d'hôtel — et je les regardais engloutir leur colle forte tremblotante avec une stupeur sans nom. Je sais ce que voulut dire Taffrail, et moi aussi je sens mon intérieur trembloter comme un « blanc-mange ». Ça n'a rien de drôle. Mais le Spad est là.

En quelques ordres brefs, je le fais rouler face à la butte. Les mécanos passent les cales. Je lance le moteur à toute volée et, l'une après l'autre, posément, j'essaie les pièces. Je n'ai pas besoin de descendre pour voir les résultats : les mitrailleuses portent droit. J'ai vu ça à la poussière dans les herbes. Au fond, à 100 mètres, nos pièces avec la vibration du moteur font un peu l'effet de fusils de chasse. Elles écartent comme des coups de petit plomb. J'estime que chacune couvre un cercle dangereux d'un mètre au moins. Or mon 220 HP est bien réglé, les cercles sont tangents à cent mètres : on ne peut rien demander de plus. J'essaie le moteur méthodiquement, à toutes les allures. Le nez dans le fuselage, j'écoute les moindres bruits, le petit choc que pourrait faire une came sur une queue de soupape mal réglée, un axe de piston qui aurait du jeu... mais non. Péruweltz connaît son affaire et la machine est bonne. Un dernier essai à toute puissance; le fuselage se lève... Péruweltz saute dessus. Le compte-tour se coince à son maximum : ça suffit.

Je descends, je fais changer mes bandes de cartouches et refaire le plein exact de mon moteur. Devant les jeunes, chaque geste compte. Méthodiquement, j'éprouve la tension des câbles de cellule, l'attache des commandes sur les gouvernails, le clavetage des roues sur l'essieu. Je sens dans mon dos que des yeux clignent, que des têtes approuvent. Tel qui partait à la légère, sans oser vérifier son avion, par un mauvais point d'honneur qui lui faisait considérer toute précaution comme une faiblesse, passera demain une inspection détaillée, puisque « l'as » ne rougit pas de le faire.

Je suis remonté, très digne, dans l'avion, et après l'avoir fait courir longtemps sur le terrain j'ai décollé, la queue haute. Je monte insensiblement, poussant sur le manche, et le fou rire me prend à la pensée de tous ces idiots qui doivent se regarder dans le pré, stupéfaits. Le premier décollage de Péral! Ils s'attendaient à une montée foudroyante, suivie de toute une acrobatie d'école, et même de haute-école. Plus tard ils comprendront. Un looping, avec un beau point mort au sommet, n'a jamais sauvé son homme, et la vrille ne sert qu'à faire perdre la tête à celui qui l'exécute. En face d'un avion qui vrille, le vieux combattant piquera sournoisement, à plein moteur, et quand l'acrobate se remettra à plat, à la fin de son tire-bouchon, ne sachant plus où est la terre et où est le ciel, il tombera au centre d'une gerbe à courte portée qui lui ôtera toute idée de recommencer. Les manœuvres de combat sont plus brutales. Des demi-tonneaux à plein moteur, des montées verticales et des piqués de vertige, le soleil dans le dos et par-dessus tout la vieille formule de Molkte :

Erst Wegen, denn Wagen!
D'abord peser, ensuite, oser!

Combiner son approche en mettant tous les atouts dans son jeu, puis ensuite se ruer avec fureur et folie. A la gueule des pièces, dans un éblouissement rouge, l'ennemi s'émiettera. En attendant, je suis à 3.000 et au-dessus du camp d'Attila. Un cercle de haies marque l'endroit où le chef Hun fit son enceinte de charriots. Vers la droite, Valmy, et les volontaires de Dumouriez. Quand on cessera de se flanquer des coups dans ce coin, je crois que les populations feront ouf! Et voici un « A.-R. » selon la terminologie officielle, qui file vers les lignes. A l'avant le pilote, à qui les ailes masquent quiconque voudrait l'attaquer. Au diable derrière lui, son observateur, seul, sans moyen d'annoncer l'attaque. Et dire que c'est à cause de ça qu'on a retardé la sortie du Bréguet! Que j'aurais voulu être aviateur allemand! Ce n'est pas un par un, c'est par vingtaines que j'en aurais abattus. En 1915, avant ma blessure, je rencontrais à tout bout de champ des avions hélice arrière en plein jour : « les cages à poules » quand ce n'était pas les « fours crématoires ». Ah, les magnifiques cibles! Combien de fois, les protégeant, me suis-je amusé à les suivre dans leur angle mort, impossibles à rater, bêtes mortes, veaux vidés pendus à l'étal du boucher ! Les poilus des tranchées peuvent grogner, se plaindre de l'impéritie du commandement et de l'indifférence de l'arrière, mais seuls nous avons connu l'arrière-pensée effroyable qu'à la base de notre arme il y avait des marchés... 4.000. C'est assez monté. Sous moi, d'Auberives à l'Argonne, le front s'étend inchangé ou presque. Tel je l'ai quitté en septembre 15, tel en ce jour de 1917 je le retrouve, immuable. De ci, de là, nous avons occupé quelques taupinières et 300.000 hommes sont morts. Au jour du jugement dernier, où les cadavres se lèveront, je ne voudrais pas être dans la peau de certains chefs qui échafaudèrent ici leur gloire. Au fond, toute attaque est idiote, puisque nous ne faisons les Allemands et nous que « tenir » le front, le front imperforable. C'est sur mer que se joue la vie des nations, et le problème n'est pas de savoir à qui appartiendront la Main de Massiges, Vauquois et les Eparges, mais si les sous-marins flancheront avant d'avoir eu raison du tonnage allié. Mais allez dire ça à nos grands chefs, bourrés des théories de Napoléon et de l'Ecole de Guerre! Voilà que je me reprends à raisonner et à discuter à haute voix. Jamais je n'ai pu rester seul en avion sans parler, chantonner ou siffler, et agiter en ma tête des problèmes saugrenus.

En attendant je fais 5.000, et une inspection rigoureuse de tous les coins du ciel me révèle qu'aucun avion ami ou ennemi, ne vole à ma hauteur ou plus haut. Sur les dessins fantaisistes des tranchées et des boyaux, les avions d'artillerie se traînent, lentement. Par moment une tache en croix éclipse au passage la plaque blanche que fait un ouvrage dans la craie. Ce doit être un Fritz qui photographie. C'est le moment de savoir si oui ou non!

Sitôt les premières balles parties, je sais que j'aurai tout mon sang-froid et que je combattrai superbement. Les manœuvres des pieds et des mains, sèches et brutales, inconscientes, me feront faire face à l'Allemand et cracher ma giclée de balles. Mais entre l'état présent et ces premiers coups de mitrailleuses, il y a un monde. Un coup de pied à droite me mettrait en quelques minutes hors de vue de l'L. V. G.

qui croise... L'officier d'infanterie a bien de la chance; avec cent paires d'yeux fixées sur lui, il est obligé de sortir de la tranchée, la cigarette au bec et la canne à la main. Il ne peut littéralement pas faire autre chose. Mais ici, seul, sans rien qui me pousse, mes vieilles blessures du ventre et de la jambe me pincent soudain cruellement. Il va falloir mourir seul, comme le Christ sur la croix, et le nuage rouge que j'ai vu me sauter à la face il y a deux ans, criblé de balles et broyé sous mon avion en feu, se tend de nouveau entre moi et l'abîme...

Une dernière fois, l'Allemand sombre passe, ombre d'épervier sur les tranchées. A terre, terrés comme un gibier peureux, les poilus attendent les percutants que réglera la bête. D'un seul coup brusque, tout bascule. Je n'ai fait aucun geste voulu mais la hauteur fond sous moi. Devant mes ailes, le plan supérieur de l'Allemand grandit, camouflé de brun et de jaune, son mitrailleur soudain dressé derrière la pièce en une épouvante folle. Je fais feu de mes deux pièces, trop longtemps, trop loin d'ailleurs, et je cabre... mais maintenant ça y est, je vais oser, je vais venir tout près, à le toucher ; je n'ai plus peur ! Un Spad rouge, vertical, a passé à me toucher en grondant comme un obus. J'ai reconnu l'insigne à son flanc, le cercueil surmonté d'une tête de mort et entouré de flambeaux : Nungesser. L'Allemand n'est plus qu'une boule noire d'où pointent des flammes.

Le Spad vire et file vers l'Argonne. Là-bas, à perte de vue, deux avions tournoient. Je n'ai guère plus de cinquante mètres de retard et, tous muscles crispés, dressé sur le siège, je ne touche plus mon dossier. Le combat baisse et je me rue à pleine vitesse. Trop tard... le Français s'émiette et l'ennemi, un Albatros à damier bleu et blanc file sur ses lignes. Ensemble nous nous sommes jetés sur lui. Il pique, lourd, rase ses tranchées et s'enfuit narquois, ras terre. Nungesser remonte, je le suis. L'essence baisse dans mon réservoir et je vais rentrer. L'avion rouge me couvre et m'accompagne. En repassant les lignes, il me lâche avec un grand geste d'adieu.

La parole de Turenne est toujours vraie :

« Tu trembles, vieille carcasse ! Tu tremblerais encore bien plus si tu savais où je vais te mener. »

Je suis seul et devant moi, face au soleil qui baisse, l'hélice tisse son disque d'argent, régulière, souple comme s'il ne s'était rien passé.

IX

Hier en descendant d'avion, j'ai simplement dit à Péruweltz :

— Demain.

Ce matin, en sortant de mon lit, je vois le 250 Lorraine seul sur le terrain. Les autres hangars sont encore fermés, mais le géant à lui tout seul a roulé la lourde machine en place. Il est tout habillé, veste de cuir, gants, le casque à la ceinture, et il bat la semelle en m'attendant. Les dernières brumes blanches rampent sur la forêt. Il m'appelle, et nous entrons dans le hangar où un pot de café chauffe à petit feu à la forge. Avec un large sourire, mon homme me confie qu'il a fait passer toutes les cartouches une par une, à la main à travers les mitrailleuses.

— Les ratés et les enrayages, ce sera pour une autre fois. Aujourd'hui Péruweltz s'en va-en guerre avec le lieutenant Péral. Compris?..

> *Restez pas sur la place*
> *Rentrez chez vous, braves gens*
> *V'là le Premier Mai qui passe*
> *V'là les manifestants!*
> *Vlan!*

Le café bu, nous sortons du hangar. L'escadrille tout entière entoure le biplace, et les commentaires vont leur train.

— Péral, vous n'allez pas partir maintenant, il faut attendre que le brouillard se lève...

— Mais il se lève à vue d'œil, mon vieux Brémond, et justement il doit encore y avoir des bombardiers sur Châlons. Ils ont jeté des torpilles toute la nuit; on m'a dit ça au téléphone. A propos, dans une heure, si vous n'avez pas d'autres ordres de l'Armée, patrouille de trois avions vers Châlons. J'aurai peut-être besoin que vous me dégagiez.

Péruweltz a haussé les épaules, et, derrière moi, il s'installe dans la tourelle. Le Spad en plie sur sa béquille. Un peu de moteur au point fixe, les cales, et nous roulons. L'avion est lourd et monte doucement. Mon passager pèse et il a calé autour de sa vaste personne je ne sais combien de plateaux de cartouches pour sa Lewis. A 500 mètres pourtant le soleil se fait sentir et nous émergeons des brumes. Du côté de Châlons tout est clair, on voit bien le sol, et de terre également la visibilité doit être bonne, car vers 3.000 le ciel est plein de flocons jaunes. Les bombardiers boches sont encore là, et les batteries sont en pleine action. Péruweltz beugle de joie, et bien que je fasse tourner le moteur presque à la rupture pour monter de plus en plus vite, je l'entends par moment dominer le vacarme. Une fois il sort à demi de son trou, pose ses énormes mains sur mes épaules et brâme des mots sans suite :

— Plein de Fritz... rigoler!...

Allons tant mieux. Si nous y restons, nous n'aurons pas été tristes à nos derniers moments. 3.500 mètres. Ça suffit. D'après les shrapnells, les bombardiers sont plus bas. Et d'un seul coup je file entre les éclatements et le front. Derrière moi, Péru a pris sa jumelle et il sacre après les artilleurs. La tête contre mon oreille, il hurle qu'il y a un Gotha et un D4 Albatros. L'attaque sera simple. D'abord sur le monoplace et après au petit bonheur. Nous sommes maintenant à 500 mètres au-dessus d'eux et ils ne nous ont pas vus. Les secondes passent, terribles.

Tout à coup les artilleurs ont compris. Leur feu se déplace, court dans le ciel comme un jet de projecteur, et va établir un barrage roulant, à un kilomètre du côté des lignes. Dès que j'ai saisi, j'ai plongé. Dans mon viseur, la queue en pelle du monoplace grandit, devient immense. L'homme n'a encore rien vu. Mais le tireur arrière du Gotha a dû voir, lui, car au moment où j'ouvre le feu j'entends claquer une rafale. Un coup de pied m'éloigne du combat, et tous deux nous regardons, sans comprendre. L'Albatros file vers ses lignes, l'hélice droite, moteur stoppé. L'homme a du doigté et pilote finement, il arrivera. Plus près de nous, l'immense triplace se hâte à pleins moteurs; dans les tourelles avant et arrière, les hommes, debout, nous attendent. Avec cette forteresse qui vole à plat sans dévier il est inutile de ruser.

Le choc va être épouvantable et à cette heure, le sou tourne en l'air avant de retomber pile ou face. Derrière moi Péruweltz s'est levé. De rage, il a lancé en bas son casque et ses gants et s'est recroquevillé sur sa pièce braquée à droite. Il sait qu'après l'attaque j'abattrai à gauche et il ne veut pas perdre une balle. Lentement, le Gotha grandit devant moi. A l'arrière, l'homme ne tire pas. Sa tourelle porte deux Maxim lourdes et sa tête émerge seule au-dessus des gueules des pièces. Couché sur sa crosse il attend son heure. Nous sommes à cinquante mètres et il ne tire pas, à trente mètres, à vingt !

Ah !... Nous avons tiré ensemble. Ma main s'est serrée sur le levier quand j'ai vu les jets de flamme cracher au bout des armes. Des éclats de bois jaillissent de mon plan supérieur et l'hélice a dû se briser, car l'avion vibre à faire sauter la cellule. Devant moi l'homme est tombé, accoudé sur ses mitrailleuses, et au vent de la vitesse une traînée rouge s'allonge sur la peinture du fuselage, vers les gouvernails. Un des moteurs du Gotha crache une fumée blanche. La grosse machine baisse visiblement vers le sol. Et pour la première fois, juste derrière mon oreille, la pièce de Péruweltz parle. Par le couloir, le passager avant du Gotha est venu jusqu'aux pièces arrières et cherche à les dégager du corps de son camarade. Nous sommes bord à bord maintenant et nous descendons ensemble, car mon hélice brisée me fait perdre toute ma puissance. Impassible, Péruweltz tire toujours, changeant ses tambours avec calme, et l'avion géant crache sous son feu des lambeaux de toile et des éclats de bois. Les grands ailerons débordants de l'Allemand dansent devant mes roues. Soudain, des morceaux d'aile s'arrachent, des choses noires volent autour de nous, je sens un choc de métal et l'Allemand se replie et se racornit comme un papier lancé dans le feu. Notre avion est soufflé par une explosion de tempête, un globe de flamme grandissant tombe vers le sol, laissant derrière lui, verticale, en immense panache, la fumée noire et grasse de l'essence. Mon cœur bat à se rompre, nous sommes seuls...

Avec bien des précautions, sans moteur, tout doucement, j'ai posé le Spad dans un pré vide. Il a roulé quelques mètres, puis s'est mis à genoux. Du côté droit le train d'atterrissage mâché par les balles a cédé. Péruweltz extrait ses jambes immenses et je puis enfin me dégager de ma place. Son bon visage est couleur de craie, et je sens que je n'en vaux pas mieux. Tous deux nous tremblons légèrement en faisant le tour de l'avion : criblée autour de nos têtes, la cellule a tenu par miracle. Et tout à coup la même idée nous frappe : où est-il?

— A trois cent mètres près de là, de ce côté, je l'ai vu quand tu cherchais un terrain pour te poser.

Nous passons la haie, et aussitôt voici une foule qui court. Soldats de tous grades, de tous uniformes, tous détalent comme des lièvres, sautant les sillons et les fossés, vers un filet de fumée noire qui monte au ciel. Péruweltz et moi nous courons, coude à coude avec la foule. Voici le Gotha. Broyé dans l'herbe, il finit de brûler. Les moteurs ont creusé des trous en terre, où charbonne un liquide noir. L'arrière du fuselage seul est intact. A l'assaut des débris, une véritable fourmilière s'est ruée, découpant, arrachant, escamotant. Souvenir, souvenir, comme disent les Anglais. Deux ou trois gendarmes essayent de tendre une corde autour des débris, mais ballotés, houspillés, eux, leurs piquets et leur corde, ils dansent une gigue forcenée au milieu des casques et des calots. Péru et moi, nous nous ruons dans la mêlée. Le bon géant a empoigné un morceau de tube d'acier et s'environne de moulinets redoutables. Certaines têtes en pâtissent, mais l'avion se dégage. Les gendarmes sont maîtres de la situation...

Lorsque je pars en avion, je mets toujours sur ma tunique mes croix au grand complet. Si jamais je suis fait prisonnier, je sais que les Allemands, peuple hiérarchique et caporal, me traiteront avec respect à cause de ma bannière d'orphéon. Aussi, délibérément mais sans gestes inutiles, je quitte ma veste de cuir et je marche sur la horde. Le calme se fait. Sous le fuselage, un corps en uniforme gris, la face au ciel. C'est le mitrailleur que j'ai tué dans sa tourelle, un officier de la garde d'après ses insignes. Il a été fouillé et un accroc à sa tunique marque la place d'une croix manquante. Pourtant, sa boutonnière porte le ruban oblique de la Croix de Fer. Je me relève, et je regarde les figures qui m'entourent. Péruweltz est à mes côtés.

Le maréchal des logis des gendarmes s'avance.

— Mon lieutenant, c'est Monsieur l'officier gestionnaire ici présent qui a pris les papiers et la croix du Boche.

Son geste me désigne une face barbue à lunettes qui glisse du premier au dernier rang des spectateurs. Péruweltz lève sa trique et les soldats s'écartent. Deux ou trois cernent l'officier et le poussent sournoisement vers moi, du reste sans porter la main sur lui. Le petit homme chafouin s'avance.

— Mon cher camarade...

— Monsieur, je veux deux choses. Les papiers pour les transmettre à l'aéronautique de l'armée, et la croix pour enterrer ce mort avec. Vous avez une minute.

J'ai tiré ma montre et j'ai senti gronder derrière moi la fureur des combattants. Oui, ils m'aideront! Ils creuseront la tombe de l'Allemand et l'y déposeront avec respect, sa croix sur la poitrine. Malgré toutes les jalousies d'armes et les mesquineries entre régiments, ces soldats se sont groupés derrière moi en une seule force massive et redoutable. Beaucoup portent la croix de guerre et ne souffriraient pas qu'on les en dépouille pour les mettre au tombeau. Avant que j'aie pu ajouter un mot, ils se sont rués et le petit homme, serré à la gorge, détroussé par des mains sans scrupules, a disparu sous la meute. Bientôt, Péruweltz sort de la bagarre et m'annonce :

— Ça cogne ferme sur Môssieur l'Officier d'administration !

Une voix brève me fige au garde-vous :

— Qu'est-ce à dire, lieutenant ?

C'est Brulard, le général, qui descend d'automobile. Derrière lui l'inséparable Marteleau, appuyé sur un mousqueton, contemple la bataille. En quelques mots secs, méprisants, j'explique l'algarade. Dans les yeux du chef, une flamme de mauvais augure s'allume. Il marche vers la boule humaine en train de houspiller mon ennemi, qui s'ouvre sur son passage. Brutal, il met l'homme debout et siffle :

— La croix... et les papiers ?

L'officier les lui tend, peureux ; c'est l'Ordre

pour le Mérite, la plus haute récompense allemande. Brulard me les passe et grince :

— Vous êtes un détrousseur de cadavres et si j'étais arrivé plus tôt, je vous faisais fusiller. Allez maintenant !

Et se tournant vers les grenades blanches :

— Messieurs les gendarmes, si l'on ramène ce personnage à son unité avec les honneurs de la musique je vous serai reconnaissant de ne pas y faire attention.

Un énorme rire éclate et la situation se détend. Au milieu des soldats qui approuvent, je replace la croix sur l'uniforme du mort, et Marteleau, mettant la baïonnette au canon, garde le corps jusqu'à ce que le général l'envoie prendre. Avec son couteau, Péruweltz a décloué la toile d'un des gouvernails du Gotha et a posé la Croix noire sur le corps de l'Allemand. En silence nous montons dans la voiture de Brulard. Maintenant, une garde en arme s'installe autour du Spad et du Gotha. Péruweltz a vengé le capitaine Vérin. Mais aucune joie ne nous anime, et toute ma vie je verrai les yeux de ce grand officier blond au-dessus

de ses pièces crachant leurs flammes, et les
deux autres, brûlés vifs dans les débris du
Gotha que nous n'avons pas osé regarder, de
peur de voir leurs pauvres faces.

X

Nous avons eu ce matin prise d'armes, un véritable numéro de cirque. Remise de la Croix de guerre à Lestiboudère et à Drevet. De bonne heure, l'escadrille a fait sa toilette. Promu à la dignité de « mousquetaire » Péru muni d'un grand sabre embroche tous les papiers et les chiffons qui traînent, pour les porter au fumier. J'ai fini par savoir que cette longue latte de cavalerie est la propriété de Renaud. Les avions s'alignent devant les hangars artistement drapés, et tout le monde est en casque d'acier. Ils sont superbes, ces casques. On les a passés hier soir au bleu-horizon, car leur fonction normale est de pendre aux plafonds, transformés en jardinières où l'on cultive des capucines.

Donc, au fond les avions, puis, se faisant

face, les mécaniciens et les pilotes d'un côté, les conducteurs et les « divers » de l'autre. Il y a un peu de tout comme costume et comme armement, mais en donnant les mousquetons aux petits bonshommes et les fusils Gras aux dépendeurs d'andouilles, c'est à peu près proportionné.

— Garde à vous!

Tout mon monde serpente et brandit ses armes, tandis que mon commandement circule sous la forme :

— Vingt-deux! Voilà les huiles!

Voici l'auto. Un commandant, un général. Je connais de vue ce général, qui doit être quelque chose comme directeur de l'artillerie ou du génie dans notre secteur. Notre infirmier qui se pique d'être clairon le régale d'une aubade qui ressemble autant à la sonnerie réglementaire qu'au Roi Dagobert. Quand il a terminé les chiens invisibles attachés au piquet dans la cuisine, hurlent longuement sur un ton lamentable.

Les présentations. Tout va bien, et, Dieu me pardonne, Renaud a mis des gants blancs! Les décorés, maintenant. Drevet a grande allure. Autour de son ventre de notaire, il a réussi a boucler une ceinture d'où pendent un gros revolver et un terrible sabre recourbé. Il me rappelle irrésistiblement une gravure de Gustave Doré, Hadji-Stavros le Roi des Montagnes. Seules ses lunettes nuisent à la ressemblance. Lestiboudère, en qualité d'armurier, a tenu à faire de la fantaisie. Les pieds en équerre, l'œil fixe, il est au port d'arme — et quelle arme! — un chassepot qui a dû voir la Commune, et, piqué au bout, un long coupe-choux à lame ondulée qui évoque les zouaves de Solférino. Le général contemple longuement cette pièce de panoplie mais, comme me chuchote son officier d'ordonnance, puisqu'il s'est trouvé un arsenal en délire pour nous gratifier de cette arquebuse et de ce tranchoir, nous n'avons pas à les cacher.

— Ouvrez le ban!

Ma musique fait rage, les cabots également.

Le Trois-Etoiles y va d'un petit discours.

« Il est de mode actuellement de se moquer des serviteurs modestes mais utiles qui, sans monter en première ligne, n'en contribuent pas moins de toutes leurs forces et de tout leur courage à la victoire finale. Certains n'hésitent pas à croire que dans les troupes d'aviation, à part ceux qui volent, il n'y a que des embusqués. Aujourd'hui je suis fier d'apporter la croix à un sergent-major et à un armurier, et leur gloire rejaillira sur toute l'escadrille. »

Le commandant est nerveux, et il voudrait bien rattraper son chef qui est en train de manier la gaffe comme un vieux marinier. Les citations ont trois mois d'âge.

— Commandant, lisez-nous les citations.

— Drevet, maréchal des logis chef au 54ᵉ d'artillerie. Chef de pièce de la plus haute valeur et du plus grand courage. Lors du bombardement du 28 janvier, ses officiers étant hors de combat et la plupart des servants tués, a pris le commandement des pièces et a empêché une attaque allemande de déboucher des tranchées. Blessé pour la troisième fois, deux citations antérieures.

Un ange passe... les chiens aboient.

Le général félicite Drevet et lui remet sa citation.

— Lestiboudère, caporal au 22ᵉ bataillon de chasseurs alpins. Gravement blessé d'un éclat de grenade en allant reconnaître un petit poste allemand entre les lignes.

Au bout du chassepot, le sabre-baïonnette lance des éclairs comme un miroir à alouettes.

— Fermez le ban.

Horreur! mon clairon n'est plus là. Sûrement il a dû aller faire taire les chiens car il est hors de doute aux cris aigus qui viennent de la cuisine, que quelqu'un est en train de leur botter le derrière. Voici les petits cochons qui font leur partie. Heureusement, ce général n'est pas formaliste, il est d'ailleurs extrêmement pressé. Il n'a même pas le temps de venir se rafraîchir à la popote; ce sera pour une autre fois.

Je reconduis l'auto jusqu'à la route, et lorsqu'elle est hors de vue :

— Rompez les rangs!

Décrire la danse du scalp, le bastringue, la descente de la Courtille qui éclatent simultanément, c'est impossible. On n'entend qu'un hurlement et qu'un éclat de rire. Il y en a qui se roulent dans l'herbe avec casque, fusil et cartouchières, incapables de rester debout, d'autres grimpent aux arbres, les plus costauds portent le gros chef en triomphe sur leurs épaules comme un fétu. Sur un charriot, Lestiboudère s'érige comme une statue, son fameux fusil à la bretelle. Il tient sous le bras un cochon de lait qu'il fesse pour le faire hurler, et l'ensemble parcourt le terrain au triple galop.

— Garde à vous!

Le général qui revient... Renaud qui faisait l'arbre fourchu, en gants blancs, debout sur les mains, fait un magnifique saut périlleux et retombe raide au bord de la route, la main au casque. La voiture passe et la poussière retombe. Le cirque est fini.

XI

Deux lettres, trois lettres de Madeleine. C'est bien ce que j'attendais. Je les ai lues et relues, tout à loisir dans ma chambrette, et je les ai placées les unes à côté des autres sur une étagère. Maintenant, allongé sur mon lit, je les regarde. La première est sur un papier bleuté, allongé couvert de hauts jambages. Elle me raconte la vie de notre petit coin de Paris après mon départ, ce qu'il est advenu de tel ou telle, qui est venu en permission, et autres choses du plus haut intérêt. La seconde, tout à côté, est nettement une lettre de femme seule. Elle parle de choses si scabreuses et avec une telle ingénuité que je l'ai remise dans son enveloppe aussitôt lue. La troisième est la plus typique de toutes. Après bien des recherches, après avoir couru Paris dans tous les sens, après avoir fait déballer des rayons entiers dans chaque magasin, Madeleine avait trouvé enfin le parapluie de ses rêves. Elle l'a rapporté chez elle en triomphe et l'a oublié dans le taxi. D'où un désespoir dont les dernières vagues viennent mourir jusqu'à moi.

Vais-je après cela oser lui confier que j'ai abattu un triplace? Pourquoi faire. Au fond je dois, comme tous ceux de ma province, avoir un peu de sang sarrasin dans les veines. Au lieu de faire de la femme une Déité vaporeuse, comme les peuples du Nord, nous en avons une conception plus terre à terre et leur image n'éveille en nous que des idées pratiques. Et c'est pourtant de chez moi que Geoffroy-Rudel partit pour visiter la Princesse Lointaine.

Mais tout cela n'a rien d'inconciliable, car ceux qui voient le plus dans la femme aimante la bête déchaînée n'en ont que plus de mérite à l'idéaliser, et, selon une formule exquise, « à déguiser le Besoin sous les espèces et apparences du Sentiment ». Avec une amie aussi jolie que Madeleine, ce déguisement prend des allures de costume de tous les jours; mais je connais de ces chipies... brr...! Il faudrait avoir faim!

En attendant, voici trois lettres, bien sagement rangées sur leur étagère, qui réclament une réponse. Je sens que j'ai envie de dormir. Je vais donc faire un somme. Mon Rabelais est à portée de la main pour mon réveil et je me délecterai une fois de plus du dialogue de Panurge et de Frère Fredon. Puis je réfléchirai à la manière dont je dois liquider mon courrier. Farrère l'a dit :

« Il convient d'écouter les femmes et de ne leur point répondre. »

Donc je ferai comme si je n'avais reçu aucune de ces trois lettres. La poste aux armées a bon dos, la censure aussi. Ensuite je ferai un mot à Madeleine pour lui reprocher son silence. Moi qui ne savais comment commencer, voici un début tout trouvé. Dormons.

XII

Est-il rien de plus horripilant, combattant de tous les jours, que de vivre au front au milieu des rassurés et des préservés! Notre escadrille est la plus au sud de toute la Champagne. Elle touche aux parcs, réserves, dépôts divers et formations de l'arrière. Plantée au bord de la route de Châlons à Sainte-Menehould, elle s'étale en plein dans la zone du gendarme, et Dieu sait si ce mammifère à grenades blanches pratique le culte de son intégrité physique! C'est de là que tous les jours nous montons au feu.

Du terrain, la canonnade ne s'entend que comme une lente frange sonore, le bruit que ferait un ruisseau un peu bavard, le ronflement régulier d'une usine lointaine. Même, devant les hangars, dès qu'il y a un peu de bruit, on n'entend plus rien. La voix de quelques camarades en train de causer couvre le vacarme de la bataille. Il faut aller un peu loin de l'agitation et de la foule, et monter la butte du côté de la forêt de Poix. Là, il y a un coin sous les sapins où la grande onde de fer et de sang vient battre sans répit. Lorsqu'il pleut ou que les nuages trop bas empêchent toutes sorties, nous allons nous asseoir deux ou trois, sous les arbres. J'ai disposé une vieille toile de hangar sous les basses branches, de sorte que le sol d'aiguilles de pin et de mousse y reste perpétuellement sec et accueillant, et parfois je vais m'y installer et je reste à songer pendant des heures. La guerre du fantassin ne s'arrête jamais. Il peut pleuvoir, tonner, geler à pierre fendre, toujours le poilu est dans son trou, qui veille. La seule différence pour lui c'est que les obus, au lieu de le couvrir de poussière, lui lanceront la boue de Champagne sous forme de craie visqueuse. Mais il meurt à toute heure, sec ou trempé. Ici à part nous les pilotes qui tout le temps prenons notre part du grand risque, tout le monde a l'air de le considérer comme un paria. Si la pluie tombe, les territoriaux qui empierrent la route laissent tout ça là et vont s'empiler au bistro. Ils y rencontrent les gens du dépôt de munitions, qui ont cessé de décharger leurs wagonnets parce qu'ils en ont, à ce qu'ils disent, déjà trop fait pour ce qu'on les paie. Evidemment, c'est une opinion.

Dans les maisons qui restent du village, des civils goguenards flanqués de leurs harpies aux doigts croches dévisagent sans bienveillance le troupier qui passe. Eux sont bien tranquilles. Ils n'obéissent qu'à leur fantaisie, ne connaissent aucun chef, et nul conseil de guerre n'oserait venger de douze balles sur leur carcasse la majesté outragée d'un caporal ou d'un sergent. Et pourtant, puisqu'ils sont là, libres, ce sont des gens de rebut, que sans doute des tares physiques écartent du feu et prédisposent uniquement à rénover la race. L'autre, le soldat, l'homme fort, sain, bien portant, est ficelé pieds et poings liés derrière un créneau, avec tout l'appareil militaire qui le menace par derrière et un canon de mitrailleuse qui le fixe par devant. Il a tous les devoirs et le seul droit de se taire et de mourir. Qu'a-t-il fait pour encourir cette condamnation? Il est des jours où, quand je vais bâiller sur la butte, y dormir ou y flanocher, je ne puis m'empêcher de croire que nos chefs tirent un peu trop sur la ficelle et prennent le poilu pour plus naïf qu'il n'est en réalité. Certes, je n'ai pas honte, devant le fantassin, de mon lit ni de ma table. Depuis la déclaration de guerre, je n'ai que très rarement couché dehors, c'est exact. Il est vrai également que, muni de ma brosse à dents et de mon eau chaude, j'ai l'air d'un prince à côté de l'homme de la boue. Mais j'ai pour ma part assez versé de sang aux quatre coins du front pour garder la tête haute devant n'importe qui. Lorsque je vais au bord de la route regarder passer une troupe en marche, les soldats me dévisagent avec curiosité, parfois avec envie, mais la haine n'est pas dans leurs yeux. Ils savent que lorsqu'il faut mourir nous ne flanchons pas plus que la biffe; ils ont vu souvent la boule de feu jaillir du ciel et tomber en grondant sur les lignes; ils ont ramassé les pilotes broyés de la chute, les os réduits en pulpe, pâte molle dans leurs vêtements; mais vraiment ici, à l'arrière-front, on voit des choses hideuses.

Il y a trois jours, j'avais poussé jusqu'à Auve

voir des camarades, et je rentrais à pied par la grand'route. La nuit était venue et je marchais en sifflotant, un bâton à la main. Un jet de lampe électrique m'a ébloui et je me suis trouvé cerné par des gendarmes. Sur la route, un convoi de travailleurs défilait, deux pelles-une pioche, deux pelles-une pioche, encadré de gendarmes baïonnette au canon. Une fois mon identité reconnue, l'officier de gendarmerie a bien voulu causer le temps d'une cigarette. Lui et ses hommes conduisaient des condamnés de droit commun qui allaient terrasser et aménager une position de repli, à quelque quinze kilomètres des lignes. Il avait de tout dans sa troupe, souteneurs, assassins, simples voleurs de basse pègre, et n'en était pas plus fier pour ça. De fil en aiguille, j'ai appris que, de par leurs antécédents ces intéressants gentilshommes étaient privés du droit de se faire tuer, réservé sans doute aux pères de famille dont le casier judiciaire est vierge. Loin des balles, ils consentent à faire semblant de travailler, mais, comme me disait l'homme de la prévôté, « ils n'attraperont pas d'ampoules ». Moyennant quoi, l'Etat leur octroie le droit de vivre en popote et leur allonge pour ce faire dix francs par jour et par tête, en plus des vivres de l'intendance. C'est assez drôle!

« Voyez-vous, mon cher, m'a dit le gendarme en me quittant, l'autre jour, nous n'avions pas eu de distribution mes hommes et moi, et nous nous sommes surpris à loucher sur les restes de ces messieurs. Heureusement on a de la dignité, et mes gendarmes ont préféré se serrer la ceinture quarante-huit heures. Je n'avais rien trouvé à acheter mais mes animaux avaient du stock. Le lendemain soir j'ai pu donner à mon escouade deux biscuits par homme. J'en tremblais de honte devant mes vieux briscards. Je me suis fait porter au rapport du général, pour tâcher d'obtenir au moins le traitement des crapules, mais on m'a fait connaître que nous n'avions pas droit, le gendarme en campagne étant, comme le soldat, « nourri et logé »!

Il s'est tu un instant puis a repris :

« Nourri et logé, le soldat. Je vous dis ça parce qu'il fait noir et que je ne vois que votre ombre. Ça m'a fait du bien de ne pas garder tout ça pour moi. Mais écoutez bien ce que je vais vous dire, mon vieux : le jour où les gens des tranchées sauront cela — et ils le sauront — ce jour-là il y aura du vilain aux carrefours. »

Il a suivi ses hommes et je suis rentré au camp sans mot dire, sans même siffler comme à mon ordinaire. Il m'avait gelé, ce garçon.

XIII

L'escadrille a fait ses paquets et a filé vers Craonne, où, paraît-il, se prépare une attaque de grande envergure. Il paraît que c'est secret, ultra secret, et cela même nous rend sceptiques. Lorsque depuis des semaines les routes sont noires de monde, que les voies ferrées se dédoublent dans tous les prés, que le pays est tout blanc de terre remuée et piqueté de constructions nouvelles, gares, hôpitaux, « services » de toutes sortes, l'ennemi qui a oublié d'être bête a vite fait de tirer ses conclusions. Avec deux douzaines de photos d'avions, on a vite fait d'éventer une attaque. Peut-être un jour les Etats-Majors le comprendront-ils si, à l'exemple de Mangin, les grands chefs vont en personne survoler leur secteur. Mais cette suggestion que j'ai faite à diverses reprises m'a paru être une plaisanterie peu goûtée des gens à aiguillettes et à brassards. Cependant j'ai eu l'occasion de promener pas mal d'officiers d'infanterie dont les régiments tiennent les tranchées, et tous m'ont affirmé y avoir gagné une connaissance plus nette de ce que représente leur plan directeur. Mais il y en a qui seront toujours indécrottables.

Il y a quelques jours, j'étais allé à la voiture photographique, sur un terrain voisin du nôtre. Il y avait là des as du métier, qui en un tour de main développent, redressent, agrandissent, et vous fabriquent un assemblage à l'échelle exacte du plan. Comme j'avais ma voiture et mon après-midi libre, j'ai emmené un des photographes faire sa distribution dans les unités. Partout nos cartons ont été accueillis avec joie, d'autant plus que mon char contient une réserve de paquets de tabac, mais au 155 Schneider nous avons trouvé un capitaine commandant de groupe qui nous a à moitié mis dehors.

— Vos photos, a-t-il dit, je m'en fiche et je m'en contrefiche. Ce que ça peut bien représenter, ça m'est égal. Que ce soit pris ici ou en

Chine c'est bien possible, mais ça n'a jamais servi à rien.

— Mais, mon capitaine, glapissait le photographe, voyez donc, ici, le boyau a été dévié, et là sur cette photo qui va à cet endroit du plan dans ce carré, il y a un bloc de béton qui doit être un blockauss de mitrailleuses.

— C'est bien possible, mon garçon.

— Et si demain on vous dit de bombarder ce nid de mitrailleuses, avant une attaque d'infanterie, vous ne saurez pas sur quoi ouvrir le feu ?

— N'ayez pas peur, mon garçon, je tirerai.

— Mais sur quoi, mon capitaine ?

— Sur l'ordre du colonel.

J'ai repassé les photos en douceur à un jeune sous-officier qui louchait dessus depuis un moment, et nous avons repris la voiture. Mon photographe est resté vert jusqu'à ce que je le dépose à son escadrille et ce n'est qu'en me serrant la main pour prendre congé qu'il a retrouvé sa voix. Mais je me souviendrai toute ma vie de sa phrase lapidaire.

« Mon lieutenant, si jamais on fait le jeu de

dominos des C..., ce capitaine a des chances d'être le double-six! »

Ainsi va la vie militaire, spécialement dans les armes comme l'artillerie, l'aviation, le génie, où le matériel évolue à tout instant, les méthodes d'emploi également, et où certains poussahs oubliés à l'ancienneté dans des postes importants digèrent en barrant la route à leurs cadets plus au courant. Et j'ai froid dans le dos en pensant à ceux qui tiennent les tranchées en avant de cette position d'artillerie là.

En attendant, nous voici dans notre nouveau secteur, au bas du plateau de Craonne, et j'ai rencontré un vieil ami, le commandant Bossut, chef de l'artillerie d'assaut.

Tout un été, en villégiature, nos parents étant au même hôtel, nous avions fait les pitres à notre convenance, faisant de notre mieux pour tomber du haut des sapins ou culbuter tout habillés dans les torrents. Il me rappelle en venant partager mon déjeuner que nous avions alors fondé une écurie d'escargots de course. Le fou rire nous prend en parlant de Goliath, un gros escargot de forêt, qui flairait la laitue à dix pas et qui nous avait fait gagner plus de dix sous, somme énorme, contre Folette qui appartenait à ma sœur. Bossut, ou plutôt Trifon comme je l'avais nommé alors, lève son verre à la folie de vitesse qui nous a grisé depuis lors et nous a conduits, moi à l'avion de combat et lui... au char Saint-Chamond.

Comme chef d'une unité indépendante, il en sait bien plus long que nous sur l'attaque que l'on médite. C'est une énorme machine montée comme un grand opéra, avec orchestre, chœurs et solos, où l'on a tenu compte de tout, sauf des réactions possibles de l'ennemi. A l'heure H, les unités de première ligne avanceront de trois kilomètres; à H plus un d'autres troupes les dépasseront et s'arrêteront à six kilomètres; à H plus deux des réserves se porteront plus en avant à leur tour tandis que l'artillerie commencera à bouger elle aussi; à l'heure H plus je ne sais quoi, nos dernières formations d'arrière auront dépassé Laon. Quant à ses chars d'assaut qu'il connaît bien, mon ami a toujours préconisé leur emploi par surprise, au petit jour, loin de tout front d'attaque, pour réduire à l'improviste un saillant gênant, mais vouloir leur faire monter le plateau sous le feu équivaut à un suicide.

Brémond qui nous écoute et étudie depuis un moment les divers ordres que me montre Bossut frappe soudain sur la table du plat de la main et se met à jurer :

— Excusez, mon commandant, mais on n'en sait donc pas plus long, à l'Armée, au Q. G.? Avant d'être à l'aviation j'ai tiré toute la guerre dans l'infanterie, j'ai fait l'Artois, la Champagne, Verdun, et je vais vous dire ce qui va arriver. A l'heure H, comme disent vos ânes, certains régiments avanceront, d'autres seront cloués dans les fils de fer. A H plus un on va voir ceci : certains seront à 10 kilomètres en avant, et nos canons aideront ceux des Boches à les piler, certains seront toujours devant leur tranchée de départ, et tout le bazar viendra grouiller et s'empiler derrière eux, une belle cible. Et toujours de derrière on enverra les échelons prévus, cavaliers, équipages de ponts, tout le tonnerre et son train jusqu'à ce qu'on ne puisse plus faire passer un seul homme sur les routes. Alors l'avant manquera de pain, de cartouches, de grenades, mais il tiendra. Nous aurons cent mille tués et quand on ira au repos, là il y aura la « critique des manœuvres » comme au temps de paix. Les régiments qui auront percé seront blâmés pour indiscipline et les colonels prendront une secouée pour n'avoir pas su retenir leurs hommes. Ceux que la mitrailleuse et le fil de fer intact auront bloqués le nez dans l'herbe, seront des lâches, des troupes sans esprit militaire, sans mordant menées par des chefs sans autorité.

Brémond se lève et beugle à pleine voix :

— Mais souvenez-vous que le jour est proche où le poilu n'entendra plus de cette oreille...

— Plus bas, Brémond, les hommes vont t'entendre. D'ailleurs nous aussi nous avons fait cette remarque.

Il s'assied, rongeant sa rage. Bossut lève le nez de son assiette et reprend, doucement :

— Monsieur Brémond, écoutez une histoire. J'ai avec moi un capitaine dont la spécialité est la grenade. Un des premiers il en a fabriqué avec des pétards de mélinite, et il ne jure que par la grenade et les grenadiers.

— Il n'a pas tort.

— Je le crois aussi. Hé bien ce capitaine qui s'y connaît et que l'on pourrait je crois écouter quand il parle de grenades a eu un jour une idée. Il a fait un rapport demandant à ce que la grenade soit envoyée aux tranchées, non plus en caisses de 50 à 60 kilos, que les hommes peuvent à peine manier, mais par boîtes de 10 kilos, comme de grosses boîtes à masques. Mon grenadier prétendait, et je crois qu'il a raison, que la grenade non déballée est moins dangereuse qu'en vrac dans les poches et qu'elle cheminerait bien plus vite dans les boyaux jusqu'aux lanceurs, en colis, qu'un homme seul porte aisément sur l'épaule.

— Ce n'est pas une bête, votre capitaine.

— Mais le résultat, Monsieur Brémond, la suite donnée à son rapport ont été tels, qu'il a demandé d'urgence à passer aux chars d'assaut. La vie lui était devenue intenable et il avait trop de jours d'arrêts chaque fois qu'il descendait des lignes.

Péruweltz apporte le café et je le présente à notre invité. La conversation tourne à l'aviation et mon homme me passe un message qui vient d'arriver par téléphone.

— Pendant la période de préparation de l'attaque, l'aviation de chasse ne sortira pas, pour ne pas donner l'éveil à l'ennemi.

Après celle-là, on peut tirer l'échelle.

XIV

Nous nous sommes trouvés trois, trois commandants d'escadrilles de chasse, débarquant à la même heure au Q. G. de l'armée. Tous trois, cette mesure inepte d'hier nous avait soulevés. Le lieutenant-colonel qui commande l'Aéronautique de l'armée nous a dit simplement :

— Je vous attendais.

Il a passé la main dans sa barbe, s'est levé de son bureau et nous a précédés dans les couloirs et les escaliers, puis il nous a laissé un instant. Au bout de quelques minutes, un planton est venu nous chercher et nous introduire dans le bureau du grand chef. Calme, derrière sa table, le général nous a regardés tous les trois sans bienveillance. Puis il a allumé sa cigarette et nous a jeté, bref :

— Je vous écoute.

Duruy, le plus ancien capitaine, s'est avancé

d'un pas et tandis que nous restions au garde-à-vous, il a exposé nettement, militairement, le but de notre démarche. Il a fait ressortir, clair comme le jour, que celui qui connaît les mouvements de l'ennemi et lui laisse ignorer les siens propres est le vainqueur tout désigné. Aveugler l'ennemi et savoir ce qui se passe chez lui implique la maîtrise de l'air. Or, refouler l'aviation allemande à une quinzaine de kilomètres du front à l'heure de l'attaque, maintenir les saucisses à terre et protéger nos observateurs contre l'aviation ennemie est l'affaire de nos chasseurs. Nous prions donc le général d'envisager les conséquences de son ordre au point de vue des pertes de l'infanterie et du succès ultérieur de son attaque.

— C'est tout?

— Oui mon général.

Voici venir la semonce : l'aviation ne voit dans une attaque qu'une occasion de livrer combat pour son propre compte. Il y a parmi nous trop de coureurs de grades et de chasseurs de palmes. Il faut que nous perdions l'habitude de n'en faire qu'à notre tête pour nous considérer uniquement comme un des éléments tactiques les plus directement subordonnés au commandement. Nous sortirons quand nous en recevrons l'ordre, lorsque nos chefs mieux informés que nous jugeront utile de nous engager. Quant à notre démarche collective et contraire à la subordination, le général veut bien l'oublier, eu égard à nos beaux états de service. Nous pouvons nous retirer.

Duruy salue et nous l'imitons. Le dernier espoir de voir nos fantassins soutenus et notre artillerie renseignée vient de s'éteindre. J'ouvre la porte, et, à la file, nous regagnons le bureau de l'aviation. Bientôt, le colonel nous y rejoint. Comparé à nous, c'est déjà un vieil homme et son affection pour ses pilotes, son commandement à la fois rigide et bon l'a fait connaître dans toutes les escadrilles sous le nom de « Grand-Père ». Quand il entre, sa figure parle à sa place. Plus voûté que d'ordinaire, il fait quelques pas dans la pièce, puis nous regarde en hochant la tête :

— Mes garçons, le Général a raison de dire que vous n'auriez pas dû quitter vos unités sans permission. Par ailleurs j'approuve votre démarche et je vous prie de croire...

— Que vous l'aviez déjà faite? Le dernier de nos remplisseurs de bidons en est bien persuadé, mon colonel!

Il nous regarde l'un après l'autre, les yeux brillants.

— J'ai tout tenté! Je lui ai tout dit, j'ai même (et sa voix baisse) j'ai même été au-delà du respect militaire. C'est comme cela, il n'y a rien à faire.

Par charité, je ne citerai pas le nom de ce général dans ces notes.

Nous avons regagné nos terrains, en n'échangeant que des paroles sans importance. En arrivant je me suis enfermé dans mon bureau et n'en suis sorti que pour me rendre à table. J'ai travaillé sans arrêt aux plans d'un viseur pour mitrailleuse d'avion que je combine depuis quelque temps. A déjeuner, j'ai fait part à Brémond et à Villars de ma visite et de son résultat; ils m'ont écouté sans commentaire, puis Brémond a entamé son dada favori sur le fantassin pressuré et sacrifié. Bien que d'ordinaire Villars et moi nous nous amusions à le faire monter, cette fois nous n'avons rien osé dire. Tout l'après-midi, les troupes n'ont pas discontinué de monter vers le front. Il doit y en avoir à ne savoir qu'en faire. Trois Allemands sont passés sur le terrain, à 2.000 environ. S'ils ne voient pas les mouvements de troupes c'est qu'ils sont aveugles. J'ai demandé l'autorisation de les déborder, le téléphone m'a confirmé d'observer les ordres reçus. Demain 16 avril, l'attaque. Il est probable que, pour les deux semaines qui vont suivre, nous aurons un temps de chien. En septembre et octobre 1915 on a essayé de l'équinoxe d'automne, la seule différence cette année est qu'on attaque à l'équinoxe de printemps. Si, sur les 365 jours, on devait choisir les deux moments où l'on est le plus sûr de voir tomber des trombes d'eau, on n'agirait pas autrement. Je vois par ma fenêtre les mécanos qui lavent les avions et je vais aller faire le tour des hangars en douce pour leur tomber dessus. Le premier que je chipe à laver les ailes à l'essence au lieu de savon noir aura de mes nouvelles. Mais là comme ailleurs mon intervention ne servira de rien.

Je n'ai pas eu de lettre de Madeleine depuis trois jours et j'ai beau me raisonner, ce silence me pèse.

XV

Je ne veux pas raconter ce que j'ai vu ces jours-ci. Pendant l'attaque nous sommes restés assis, à l'abri dans nos baraques, jouant aux cartes et attendant toujours l'ordre d'agir qui n'est pas venu. J'ai appris au téléphone l'échec général, la destruction des tanks sur la pente du plateau, la mort glorieuse de Bossut brûlé à son poste. Au bout de deux jours, l'ordre est enfin arrivé de sortir. J'ai fait patrouille en deux groupes avec tous les avions disponibles. Vers le Chemin des Dames, vers Craonne, le spectacle est terrifiant. Nos vagues d'infanterie ont été pilées et broyées comme dans un mortier et partout sur les lignes on voit des carcasses d'avions de chez nous. Les Albatros et les Fokker s'en sont donné à cœur joie. Il y avait vingt-six avions à terre rien que dans le petit secteur que j'ai parcouru, et je n'ai vu par contre qu'un Allemand. Notre patrouille a été sans résultat ; seul Villars a poursuivi un observateur boche qui a piqué. De retour au terrain je me suis vivement posé le premier, et à mesure qu'un pilote descendait il recevait la consigne : pas un mot devant les hommes.

Peu après la pluie s'est installée et j'ai fait fermer les hangars. A quatre heures, deux compagnies d'infanterie descendant de l'attaque se sont arrêtées au bord de la route. Le commandant voulait cantonner dans quelques maisons ruinées qui bordent le chemin, sans toits et sans fenêtres, mais Brémond est allé le chercher. En un tour de main, les mécanos ont vidé un hangar empilant les avions dans les autres. C'était un vrai jeu d'échecs. Ils étaient bien peu, les fantassins, pour deux compagnies, ils tenaient au large dans les Bessonneaux. Sans que j'ai eu un mot à dire, mes garçons sont allés chercher tout ce dont ils pouvaient disposer, couvertures, braseros, sacs de couchage, etc. Puis ils se sont mis à me regarder d'un air bizarre. J'ai fait semblant de ne rien voir et je suis resté là, à regarder sécher les Biffins. Mes poilus s'étaient groupés dans un coin et il y avait grande gesticulation à voix basse. Finalement j'ai entendu le tonnerre de Péruweltz :

— Et moi je te dis que tu ne le connais pas, il ne dira rien.

Sans tourner la tête, je réponds :

— Tu as raison, Péru. Il ne dira rien. Je crois que je te comprends. Les avions sont venus de Champagne par la voie des airs et l'escadrille par la route, n'est-ce pas? Et au départ, les bâches étaient roulées sur les remorques tandis qu'en arrivant ça faisait bosse. Je m'explique pourquoi ces jours-ci j'en ai vu deux ou trois d'entre vous qui festonnaient un peu. En attendant, c'est le moment de faire voir aux poilus que l'aviation a bonne main et les doigts longs.

De fait, ils sont lamentables, les poilus. Les journées d'attaque et le retour sous la pluie en ont fait de véritables loques.

— Nous avons l'air, me dit en riant le commandant, de rats qu'on aurait tirés à travers les dents de la ratière.

— Poussez-vous un peu, patron.

C'est Péruweltz muni d'une pelle qui gratte la terre du sol. Dans cinq ou six autres endroits, de petits chantiers de terrassiers s'organisent

au milieu d'une assistance prodigieusement in-
téressée. En un instant, diverses caisses à bidons
sont mises au jour, et les couvercles soulevés
montrent des rangées de bouteilles. Du haut des
charpentes du hangar voici descendre des jam-
bons et du lard que je n'avais jamais remarqués,
pendus là-haut dans la pénombre. Toute la
bande se gondole. Il y a grand cliquetis de
quarts et de gamelles et les couteaux sortent des
poches. Il serait indiscret d'en voir plus long;
je rassemble mes hôtes pour les conduire à ma
baraque. Notre petit mess de trois officiers abri-
tera ce soir douze convives qui n'ont pas volé,
les pauvres gens, un peu de ce bon temps que
nous n'apprécions pas à sa valeur.

Mon cuisinier s'est surpassé, et c'est en toute
sincérité que les fantassins nous avouent leur
joie de se trouver ainsi dos au feu et ventre à
table, après avoir espéré, pour le mieux une
botte de paille dans une maison en ruine et
une boîte de conserve. Nous parlons de tout,
sauf de l'attaque : de l'avant-guerre, de Paris,
des femmes, des embusqués, puis les voix tombent et je lève la séance après un dernier verre.
Du côté des hangars on chante des chœurs du

plus haut goût, et voici des barils qui sortent de la remorque-armurerie et qui ne manquent pas de bras pour les rouler.

J'ai tenu à céder mon lit au commandant, et j'ai chargé Péru de m'installer pour la nuit. Quand nous entrons dans ma case, un spectacle majestueux se révèle. On a monté un second lit, en bois verni s'il vous plaît, avec draps, matelas, couvertures, le tout flambant neuf. Il y a même, en guise de dessus de lit, un mirifique tapis tissé en couleur, représentant un lion en train de dévorer un arabe. Tout ça a dû être « acheté » comme les pots et les futailles, dans quelque maison abandonnée du côté de Reims. Mais ce tapis! Ce lion jaune-doré à la gueule rouge, et ce bicot qui lui décharge un long pistolet dans les boyaux!

Allons, ce tapis m'a mis en joie. C'est le moment d'y aller.

— Vous devez penser, mon commandant que nous sommes de bons diables, mais qu'on ne nous a pas beaucoup vus au feu ces jours derniers...

Nous avons causé jusqu'à minuit, mais je n'ai ni le droit ni le courage d'écrire ce que nous nous sommes confiés. Mais ce tapis, ce lion!

XVI

Voici dix jours que nous sommes engagés dans une lutte intense. Nous fournissons — enfin — un service régulier d'escorte des avions d'artillerie, et deux fois par jour je mène des patrouilles aussi nombreuses que possible dans les lignes ennemies. La réaction ne s'est pas fait attendre, et Dubreuil, un de mes pilotes, a été embarqué hier pour l'arrière avec une balle à l'épaule. Les Fritz se multiplient à vue d'œil. Le capitaine Duruy nous a rejoints sur notre terrain avec deux escadrilles et je passe sous ses ordres en remerciant le ciel ! Comme chef de groupe, il a eu la joie de recevoir cinq ou six charges de paperasse dont mes scribouillards se sont fait un plaisir d'encombrer sa chambre — quand on a du galon... !

Ce matin j'ai essayé vainement une saucisse

à la mitrailleuse ; un monoplace sorti je ne sais d'où, m'a forcé à abandonner. Villard et Renaud ont attaqué un biplace sans grand succès. Renaud a son moteur hors d'usage et Villars a eu sa chaîne de montre coupée par une balle. Duruy et moi, nous avons idée que quelque chose se masse en face, comme aviation. On verrait paraître les « tangos » ou les « damiers » que je n'en serais pas étonné. J'ai reçu un renfort de quatre pilotes dont trois jeunes et un ancien observateur d'artillerie. Ils se comportent remarquablement, mais nous avons tout le mal possible à les empêcher de se faire descendre. Brémond a dû venir à vingt mètres d'un gros bi-moteur qu'un de ces lapins poursuivait tout naïvement, à la trace. Si je pouvais les mener en laisse pendant un mois !

Tous les jours, Fantomas, le fameux boche local, descend la pente du plateau de Craonne, comme une auto, pour mitrailler nos tranchées au petit matin. Les fautassins rouspètent — ils ont raison — et font une orgie de cartouches en son honneur, sans résultat. Mais hier un des pilotes de Duruy ayant été rôder par là pour rencontrer l'animal, un auto-canon l'a tué raide au second coup. Il y a des gens qui n'ont pas l'œil. Je veux bien aller essayer, avec Brémond comme second, un de ces jours, mais j'ai demandé que l'on prévienne les mitrailleurs et les canonniers excités. Ce sera pour jeudi, si tout est d'accord. Ce boche-là est abominablement démoralisant pour notre infanterie et il faudrait en finir.

Ça y est, Duruy vient d'apporter la nouvelle que Richtoffen est arrivé. Deux de ses pilotes ont été chassés par les tangos, huit ou dix ensemble. Je vais ordonner à mes débutants de ne plus franchir les lignes sous aucun prétexte. Cet après-midi, bagarre. La vie va changer. Nous emmènerons notre biplace et les trois de Duruy, car il se pourrait bien que nous soyons ramenés chaudement chez nous. Je me sens tout heureux, la bête recommence à grogner en moi et malheur à qui l'agace. Pour la première fois depuis l'attaque je suis tout à fait joyeux. J'ai écrit à Madeleine pour lui dire un peu ce que je deviens, mais comment comprendrait-elle notre excitation : les tangos qui arrivent!

Dans sa dernière lettre, elle ne me parle que de choses à moi bien indifférentes, les menus racontars de ses relations, un séjour qu'elle a fait chez sa sœur en Normandie et la tristesse de Paris où l'on se couche de bonne heure. Je suis assez sceptique sur ce dernier point. Au fond elle aimerait m'avoir auprès d'elle pour faire enrager ses amies, les faire un peu crier au scandale, et courir Montmartre tous les soirs. Mais aujourd'hui, chose qu'elle ne peut soupçonner, les tangos sont arrivés !

Et pourtant, quelque chose ne va pas. Ce métier de chef de patrouille, chien de berger de débutants, toujours lié à une formation en vol de canard et exécutant un programme précis, n'a rien de bien emballant. Où est le temps de Guynemer et de Navarre, de Bœlke, d'Immelmann et des belles prouesses isolées ! La marche par quatre et le bouton de guêtre commencent à nous envahir, et je ne suis plus à beaucoup près le Péral d'il y a un mois. Notre arme, dernier refuge de l'individualisme, se perd dans la veulerie anonyme et la peur des responsabilités qui caractérisent l'état militaire, et pour deux sous je plaquerais tout ça là, si je n'avais pas neuf avions à la clef et juste un dixième à abattre pour être cité au communiqué. A ce propos, je n'ai rien reçu pour le Gotha abattu avec Péruweltz. Je suppose que ma visite indisciplinée à l'Etat-Major m'a fait porter à l'encre rouge sur les petits papiers de ces Messieurs et j'ose dire que j'en suis très fier.

XVII

Ça y est, le vacarme est déclanché. Les tangos m'ont rossé honteusement et j'y ai laissé la moitié de mon escadrille. Le pauvre sergent Pont a été tué, ainsi qu'un des nouveaux. Villars est disparu, Duc et Nevers blessés et envoyés sur l'arrière. Nevers m'a écrit pour me dire que Duc va très mal. De mes vieux il ne me reste que Brémond et Renaud. J'ai reçu une nouvelle fournée de « gosses » tout frais sortis de l'Ecole de Pau. Ils sont beaux comme neufs et ils ont encore du lait au bout du nez. C'est avec ça qu'il faut matcher Richtoffen.

Le coup de tampon a eu lieu il y a huit jours, exactement le 6 juillet. Fantomas avait disparu de par là, et le bruit court qu'un fusil-mitrailleur des coloniaux l'a abattu. J'étais sorti avec tout mon monde pour protéger la rentrée d'une reconnaissance d'armée. N'ayant que peu d'essence, nous ne pouvions aller aussi loin que les G. 6. Duruy devait nous suivre à peu d'intervalle, pour le cas où l'affaire s'engagerait mal. Nous étions à 4.000 environ, bien groupés, cherchant de tous les côtés les quatre Caudron qui devaient nous rejoindre. Soudain Brémond a passé devant moi par le travers en gesticulant et j'ai viré pour l'éviter. Alors j'ai vu.

A toute distance, le combat arrivait sur nous. Ils n'étaient plus que trois, nos bi-moteurs, et ils descendaient comme des bombes. Derrière eux, à cent mètres à peine, les silhouettes de poissons des Albatros en pleine poursuite, chacun pour son compte. Jamais je n'avais vu si beau combat en retraite. Ce qui s'est passé alors est difficile à dire. Brémond a piqué avec quatre avions, face à la poursuite, et de Valbelle, un de nos jeunes est descendu trop bas. Il a heurté un des tangos et tous deux se sont émiettés dans le vide. Malgré le tonnerre des moteurs et des pièces, j'ai entendu le craquement. Villars et les autres ont viré avant de piquer pour tomber derrière l'attaque allemande et la mêlée est devenue confuse. Les Caudron, à bout d'essence et de cartouches, avaient disparu. J'étais seul au-dessus, à part Renaud et Péruweltz dans le biplace. Finalement, l'un après l'autre, quatre de nos avions sont descendus. Je n'en croyais pas mes yeux. Les Allemands avaient une bonne moitié en biplaces, Albatros ou Halberstadt qui faisaient un dégât incroyable. Comme ils accompagnaient un des nôtres qui essayait de rentrer, j'ai foncé et j'en ai eu un, mais le reste de la bande m'a fait lâcher prise. Brémond a serré sur moi avec Renaud et trois autres et les affaires allaient mal. Ils ont commencé à nous escorter de flanc, tirant de leurs pièces arrière auxquelles Péruweltz seul pouvait répondre. J'en avais une sueur froide. Il fallait rentrer, tout essai de faire face nous aurait fait piquer chez eux, où je voyais des points noirs arriver de tous les coins de l'horizon. Enfin Duruy est survenu avec deux escadrilles et ils m'ont lâché sans l'attendre. Avant de reconnaître les Spad, j'ai eu un moment de désespoir en voyant grandir leurs silhouettes entre les lignes et moi, et j'ai cru une fois de plus que c'en était fait. Maintenant, en plus de nos morts, nous avons perdu tout ascendant moral dans le secteur. Les ennemis, gonflés par la victoire, ne se connaissent plus d'audace et je n'ai que Renaud et Brémond pour réagir. Les jeunes qui viennent de nous rejoindre, arrivant dans une escadrille battue et décimée, manquent totalement de cran et de mordant. Rien ne pourrait décrire la consternation qui a suivi notre retour, le soir du désastre, et pour compléter le tout, voici que je suis mandé au Q. G. de l'armée, je ne sais pour quelle cause. Si c'est pour un savon et des reproches, je laisse tout tomber.

XVIII

C'est à Villacoublay que je continue ce journal. Après des incidents pénibles, j'ai quitté le front et je fais maintenant l'essai des avions de combat. J'étais arrivé au Q. G. me demandant ce que l'on pouvait bien me vouloir, et j'ai été introduit en présence d'un véritable conseil de grands chefs. Après m'avoir fait promettre de garder pour moi ce qui allait m'être confié, un colonel m'a appris les mutineries militaires qui viennent d'éclater parmi les fantassins. Certains régiments parcourent le pays en refusant de continuer la guerre, d'autres ont pourchassé leurs officiers à coups de Lebel, des camps de mutins s'organisent au chant de l'Internationale, et d'autres événements menacent qui peuvent amener la ruine du front. Je n'ai pas bronché.

— Vous étiez au courant? m'a demandé un

des généraux, vous n'avez l'air pas plus surpris que ça.

Je leur ai sorti, sans accent, d'une voix blanche ce que m'avait dit l'officier de gendarmerie qui conduisait les bagnards et la conversation que j'ai tenue avec Bossut à la veille de l'attaque. J'ai senti une marée de haine monter contre moi.

— En somme, m'a dit le Grand Chef, tout ce que vous trouvez à nous dire c'est de faire une critique du commandement. Je ne vous demande pas ça. Puis-je éventuellement compter sur votre escadrille pour participer à la répression?

J'ai répondu non, sans hésiter, faisant valoir que nous n'étions plus une force organisée, mais une bande de jeunes, frais éclos de l'école, et dont plusieurs n'ont jamais vu le feu.

— Je sais, il paraît que vous avez perdu votre escadrille le 6. Mais vous et les anciens qui vous restent?

— Brémond et Renaud obéiront à mes ordres, mais pour moi j'ai tellement souffert cette nuit de mes blessures de 1915 que je demande à être hospitalisé.

Jamais je n'eusse cru qu'un homme pouvait devenir si hideux dans la colère. Il a juré d'épouvantable sorte et a ordonné au chef du Service de Santé qui assistait au conseil d'aller m'examiner dans une pièce voisine.

Là j'ai eu une détente : le médecin principal avant toute chose m'a tendu la main. Puis il a examiné mes blessures en silence et je me suis rhabillé. En rentrant dans la salle, le Chef a aboyé :

— Eh bien?

— Mon général, le lieutenant Péral peut, sur sa simple demande, être réformé avec pension. Je vais en sortant d'ici signer son bulletin d'évacuation.

Les deux hommes se sont regardés longuement, sans mot dire, les yeux dans les yeux. Puis la tête du général a tourné et il a pris une cigarette. Les visages tendus de tous les officiers présents se sont déridés; pour beaucoup d'entre eux cette scène était pénible. Le chef a repris, plus calme :

— Vous avez de la chance, Péral! Toute autorité dans l'armée se brise contre les docteurs. Mais réfléchissez encore. C'est votre croix d'officier et vos galons de capitaine que vous laissez sur le tapis.

J'ai joint les talons, raide comme un officier prussien.

— Vous avez pourtant de l'estime pour votre camarade Duruy. Il sort d'ici et il a accepté à contre-cœur, mais il obéira. Vous le blâmez?

— Mon général, Duruy m'a sauvé la vie à moi et à mes hommes. Sans lui nous n'aurions jamais revu les lignes, au combat du 6. Mais après tout, je ne fais que mon service, je n'ai pas encore tiré mes trois ans, tandis que Duruy est officier de carrière.

La fureur remonte sur sa figure, puis il s'esclaffe :

— Vous pouvez dire que vous êtes un drôle de pistolet, vous n'en manquez pas une. Et moi, qu'est-ce que je suis alors? Une baderne? Eh bien partez faire votre valise puisque le toubib vous hospitalise. Vous m'avez parlé franc, au moins, et ce que vous m'avez dit sur l'état des esprits avant l'attaque sauvera peut-être quelques pauvres diables du conseil de guerre. Brémond commandera l'escadrille, comme capitaine. Je vous autorise à le lui annoncer. Vous,

vous l'êtes depuis quatre jours, et votre citation au communiqué pour dix avions abattus paraîtra aujourd'hui. Maintenant débarrassez-moi le plancher, antimilitariste à la manque.

Il m'a tendu la main et je l'ai serrée sans conviction. En sortant, j'ai rencontré deux colonels de cavalerie faisant antichambre. Chacun son tour, comme chez le coiffeur. Grand-Père, le chef de l'Aéronautique, est passé portant un dossier.

— Au revoir, petit, et quand tu auras le papier du major ne l'égare pas. Il a l'air de rigoler, le général, mais il t'aurait fait fusiller comme un singe vert s'il l'avait pu.

C'est absolument mon opinion. Où est mon père Brulard !

Où est Pétain, mon Dieu, si vénéré des poilus, le premier qui, rompant avec des traditions désuètes, leur a permis de fumer la pipe ! Fallait-il être bête pour autoriser le cigare et la cigarette et proscrire la pipe... au nom de quoi, je vous prie ? Mais le « Père Pétain » a déclaré un jour :

— Je la fume dans mon auto, pourquoi ne la fumeraient-ils pas sur la route ?

Et c'est sûrement à ce chef aimé et patient qu'il faudra avoir recours pour calmer les révoltes et mettre de l'huile dans les engrenages, puisque mutinerie il y a.

Libre à d'autres, moins intelligents, de parodier les caporaux prussiens...

Et voilà pourquoi je suis à Villacoublay, presque à Paris, avec Péruweltz qui m'a suivi, afin, dit-il que je ne regrette pas trop les vieux copains. J'ai obtenu de Grand-Père que Brémond et la clique partent dans les Vosges, pour « aguerrir les jeunes pilotes ». Une escadrille ancienne les a remplacés. Quant à moi, j'ai menti en face du général. Certes mes blessures sont un cas de réforme, mais je pouvais aller de l'avant quand même. Mais quand je songe à l'année d'hôpital où, tous les jours, mes voisins de lit, dans la salle, m'ont conté, à moi qui n'avais jamais été en tranchée, les nuits de boue et les jours de sang, je ne crois pas que mon devoir soit de faire feu sur des fantassins français.

La seule chose qui compte pour moi, maintenant, c'est que dans une heure, j'aurai rejoint Madeleine. Puisque tout le monde s'en fiche, je m'en vais jouer à l'as dans les rues de Paname.

XIX

Paris — Paris et tout l'arrière, toute la fête déchaînée, l'abjection de ceux qui, loin des balles, trouvent intolérable que la guerre se prolonge ; l'orgueil respectable, mais immonde quand même aux yeux des soldats, de ces parents dont les fils sont tombés pour la France et qui en sont vaniteux comme des paons, l'exhibitionisme des « Croix-Rouge » qui s'imaginent que c'est arrivé et que leur dévouement au chevet des blessés est mille fois plus sublime que le fait pour la viande à bistouri d'avoir ramené une balle.

Paris, et l'internationale des uniformes, le déchaînement des sidecars américains, le verdâtre des Italiens, les Anglais tubés, rasés, briqués, les Français sales avec affectation, et les femmes de tout genre, de toute peau, de toutes conditions sociales qui transforment la grande ville en un vaste paillasson, tout cela grouille sous moi en points noirs minuscules.

Lorsque je pense à ce qui se boit, se mange... et le reste, dans cette grande fourmilière, je songe comme Gavarni que cela donne une fière idée de l'homme.

Mais qu'attendent-ils donc, ceux des tranchées, pour venir nettoyer tout ça à la grenade?

A trois mille mètres, rien ne se détache sur l'ensemble des toits noirs, que le Sacré-Cœur de Montmartre qui fait un gâteau de nougat géant, blanche horreur architecturale, au milieu du grand Paris. La Tour Eiffel est invisible de haut, sa couleur enfumée ne tranchant pas sur la ville noire, et pour la trouver il faut repérer le Trocadéro par les ponts de la Seine. Par contre, la Cité fend toujours le flot de sa proue, portant au cœur de la ville le calme sacré de Notre-Dame. Par ce jour de juillet, l'heure est belle au grand soleil, et les badauds doivent être nombreux sur les ponts en train de cligner des yeux dans la lumière, alertés par le bruit, pour essayer d'apercevoir le point noir de l'avion. Et moi aussi je tourne au soleil, heureux comme un chat qui s'étire, en songeant qu'après tout j'étais bien bête d'aller me faire trouer la peau pour ces gens-là. Là-bas, à l'est, je distingue vaguement ce qui doit être la région du front. Ces petits flocons sombres que j'ai vus tout à l'heure en allant faire un tour vers Dammartin venaient sans doute d'une batterie contre avions. N'était le bruit de la cité géante, on entendrait du rond-point de l'Opéra toutes les pulsations de la canonnade, tant le front est près. Et pourtant des millions d'hommes vont et viennent, courent à leurs affaires ou se tournent les pouces, s'empilent le soir dans les théâtres et les cinémas, galopent à la piste des petites filles ou des vieilles dames, selon leur âge ou leurs goûts personnels, tandis que là-bas, à quelques kilomètres, vingt-cinq minutes pour mon Spad, ceux qui renâclent au bout de trois ans d'héroïsme ne sont que du gibier de peloton d'exécution.

Rien de démoralisant comme cette sensation brutale du mur entre les deux parties de la nation, ceux qui meurent et ceux qui les regardent faire. Anatole France l'a dit, dans ses Trublions, lorsque la Pingouinie conclut la paix, les manchots la trouvèrent prématurée et les culs de jatte ne s'en consolèrent pas. De même nous pouvons, ce que je ne crois pas, enfoncer les Allemands sur toute la ligne, toujours les jeunes gens chlorotiques et réformés, les gros pères trop âgés en 1914 nous reprocheront de ne pas être allés à Berlin.

Rien ne me met hors de moi comme d'entendre quelque quinquagénaire pansu, la face tranquille et la bedaine à l'abri, proclamer que c'est aux jeunes à faire la guerre. Toutes les bourdes de la nation, ils y ont pris part. Ils ont été électeurs, députés, ministres parfois, imbéciles toujours. Ils ont applaudi Boulanger et conspué Dreyfus. Par leur courte vue, nos services d'espionnage et de renseignement ont été anéantis. Juste avant la guerre ils refusaient par la voix de leurs députés, les célèbres « Valets de Chambre » du Rire et de l'Assiette au Beurre les moindres crédits pour la défense nationale.

Et à cette heure ces pleutres-là viennent nous dire, la bouche en cœur :

— Tout ce que nous avons accumulé de fautes, nous nous en lavons les mains, mais vous les jeunes qui n'y êtes pour rien, vous paierez. Votre crime est d'être né entre 1880 et 1895, donc à mort! C'est votre peau qu'il nous faut.

J'ai toujours soutenu que le brave Cambronne eut seul été capable de répondre à ces Ponce-Pilate.

Maintenant je suis à l'arrière, honorablement puisque j'y risque ma vie tous les jours, mais j'entends en profiter avec tout le cynisme désirable. Hier soir, dans un boui-boui de Montmartre où Madeleine avait voulu que je la conduise, je me suis fait traiter d'embusqué par deux petites poules avec toute la bonne humeur possible. Je leur ai même offert le champagne pour cette bonne parole, ce qui m'a valu plus tard une scène sur l'oreiller. Car Madeleine me fait l'honneur d'être jalouse, ce qui achève d'en faire une maîtresse adorable. Pour ne pas faire sombrer notre liaison dans la hideuse habitude et l'embourgeoisement final, j'ai refusé net de m'installer chez elle comme elle l'exigeait. J'ai déniché trois petites pièces en plein quartier latin, tout à fait l'installation que devaient avoir Murger et Schaunard dans la Vie de

Bohême — avec la salle de bains en plus. La maison est peuplée du haut en bas d'étudiants et de fillettes, ce qui a mis Madeleine dans une rage folle la seule fois où elle m'a fait l'honneur de venir visiter mon installation. Elle n'est restée que dix minutes, juste le temps de me faire une scène.

Le bon Péruweltz s'est institué ma gouvernante. Il a retrouvé ici sa sœur, réfugiée de Lille, et il habite chez elle du côté de la Courneuve, pour la grande joie de ses nièces et neveux. Mais au premier métro il tombe toujours chez moi sans bruit, brosse mes uniformes, mes chaussures, et confectionne un de ces petits déjeuners dont il a le secret. C'est ma nourrice sèche, ce gros bonhomme, et jamais je ne pourrais me passer de lui.

Et c'est bien lui-même que je vois maintenant, planté sur le terrain, couvant mon atterrissage comme une mère poule, prêt à me tirer hors de ma combinaison comme on pèle un lapin. Quelques mots à dire à l'atelier et ma journée sera finie. J'aurai tout le temps d'aller faire bisquer Madeleine en lui parlant de mes rencontres dans l'escalier.

XX

L'avion dont je dois faire les essais est arrivé à Villacoublay. C'est un petit biplan trapu, court et râblé, peint en noir-corbillard, et muni d'un invraisemblable rotatif de plus de 200 chevaux. Jamais je n'aurais soupçonné qu'on put faire un rotatif de cette dimension : dix-huit cylindres de 190 de course. *A priori*, l'avion ne me plaît pas. Un moteur en étoile de cette dimension, c'est un beau disque, quoi qu'on en dise, et la visibilité vers l'avant doit être presque nulle. Nos moteurs sont décidément aussi peu adaptés que possible aux besoins des avions de combat. Qu'ils soient en V ou en étoile, ils conduisent à des formes ridicules, avec un avant énorme. L'école allemande au contraire, imitée en Angleterre, en Italie, ne fait que des six-cylindres verticaux, moteurs étroits par excellence. Un 300 Benz n'a guère plus de 30 centimètres de large à la hauteur des cylindres. J'ai essayé ces jours derniers un Ansaldo ainsi qu'un Albatros capturé. Dans les deux avions, l'impression d'aise est la même. La plus grande section du fuselage passe par les épaules du pilote, et vers l'avant le capot du moteur s'effile en un bec maigre et pointu. D'un simple mouvement de tête, sans bouger l'avion, on découvre tout le pays à l'avant, au-dessous comme au-dessus. Au lieu de cela, dans un Nieuport, j'ai devant moi une véritable table de café tournoyante. Il est vrai que, par compensation, dans le Spad j'ai l'air d'un gosse en train de jouer à cachette derrière une grosse malle. C'est égal, le « char » que l'on est en train de me monter ne me plaît qu'à moitié.

Comme je puis me décharger sur Péru du soin de vérifier le réglage et dormir sur mes deux oreilles, j'ai bien deux ou trois jours de liberté. J'ai donc été mener branle-bas chez Madeleine, que j'ai trouvée cet après-midi fort occupée à essayer des chapeaux en présence d'une amie. Madeleine nous a présentés : Mme Gisèle Parny. Nous sommes restés cérémonieusement assis face à face dans nos fauteuils respectifs, tandis que Madeleine tournait devant sa glace. Peu à peu la conversation s'est dégelée. Nous avons parlé de modes, de la guerre, du mari de Mme Parny qui a paraît-il dix-huit ans de plus qu'elle et qui surveille inlassablement la frontière espagnole en qualité de garde-voie. Tiens, tiens! Cette naïve enfant me fait cette confidence avec un air de rien qui me donne à réfléchir. Puis Madeleine renferme ses chapeaux et nous nous mettons à parler cuisine. Je le dis sans honte, je suis gourmand, comme tout Catalan qui se respecte. Qui mieux est, je suis fort expert en cuisine et ce talent m'a valu tant dans ma vie militaire que dans ma vie sentimentale des succès aussi nombreux que flatteurs. Au bout de dix minutes c'est décidé, j'emballe les enfants dans un taxi pour aller faire des expériences de cuisine italienne chez Poccardi.

La célèbre salle grouille d'uniformes italiens et de toilettes... mettons très claires. Mais je ne vois pas de tables disponibles. Toutes les têtes se sont tournées vers nous, tandis que le maître d'hôtel s'affaire, ou fait semblant. Mes deux parisiennes pur-sang font un îlot de sobre élégance, et mon uniforme noir me fait paraître comme un corbeau égaré chez des perroquets. Un immense officier, maigre comme un levrier romain, le nez en bec d'aigle, vient s'incliner devant Madeleine et nous explique, en un français baroque, qu'il est tout honteux de nous voir debout alors qu'il accapare à lui seul une table. Je l'ai reconnu dès qu'il s'est levé, mais mes blessures m'ont changé, vieilli disons le mot, au point que mes plus anciens amis s'y trompent.

— Mes enfants, le lieutenant Giuseppe Accrocca, qui a fait le début de la guerre à la Légion étrangère puis à l'aviation française et enfin dans son pays, après l'entrée en guerre de l'Italie.

Il en ouvre des yeux ronds...

— Péral!

Et le voilà qui m'embrasse à pleine bouche pour la grande joie des dîneurs. Je m'en débarrasse avec quelques bourrades et nous voilà assis. Accrocca a pris l'initiative du menu.

D'abord des hors-d'œuvres, c'est indispensable. Toutes les petites saletés au vinaigre, au sel, au poivre et à la moutarde, qui vous font sauter en l'air et aggripper à la table. Puis pour se conformer aux restrictions, deux plats seulement. L'un sera une timbale de ris de veau et de cervelle avec des spaghettis: « Non, Signora, pas de rizotto, je suis Milanais et je garde le safran pour quelque chose de mieux. » Le second plat sera un « lait de bersaglier ». Le maître d'hôtel ouvre des yeux ronds, mais mon ami lui fait une longue description en italien qui le fait rire large comme la lune. A une table à côté de nous, de jeunes alpini se roulent littéralement, en louchant vers nos compagnes. Naturellement du chianti et de moscato.

— Surtout pas du spumante, accidente! nature!

Voici les hors-d'œuvres, infernaux et délectables. Pendant que Madeleine grignote, Mme Parny engouffre, boit sec et tient tête à Accrocca sur tous les terrains. L'Italien devient lyrique. Il a raison, c'est quelqu'un cette petite femme-là. Elle a un petit air décidé, une allure, un abattage que n'a pas Madeleine. Elle veut à toute force que je l'emmène en avion et j'ai toutes les peines du monde à lui faire comprendre que les champs des essais secrets de l'aviation sont fermés à tous, même aux jolies femmes. Les spaghettis sont un véritable succès, mais il faudra, paraît-il, patienter un peu, le « lait de bersaglier » n'étant pas tout à fait prêt. En attendant, Accrocca va nous dire d'où vient ce nom cocasse. Il cligne de l'œil avec gravité vers les tables voisines, et commence solennellement.

« Je ne sais si vous autres Français, vous avez su que l'Italie après Caporetto avait dû effectuer un léger repli sur la Piave... »

Je ne sais plus où me fourrer, nos amies non plus, mais à droite et à gauche les Italiens prennent si bien la plaisanterie que je n'ai qu'à me tordre à mon tour. Accrocca continue :

— Je vais vous dire une charade :

« Ça court, et c'est pas oune lièvre,

Ça recoule, et c'est pas oune écrevisse,

Ça a des plumes, et c'est pas oune z'oiseau,

Ça a fousil, et c'est pas oune soldat ?

.   .   .   .

— C'est la terrible Bersaglière sur le Piave! »

Il a certain chic pour se chiner lui-même, l'animal. Il continue :

— Alors le général Cadorna il a fait préparer des marmites entières de lait de Bersaglier, et dès qu'ils en ont goûté, les Arditi ont enfoncé les Autrichiens jusqu'à Fiume. Maître d'hôtel, apportez!

Le plat fume sur la table. Une odeur homicide en monte en tourbillon féroce. Ça ressemble à une omelette avec quelque chose de traître et de félon en plus, Madeleine refuse net d'en mettre dans son assiette. Je me risque à en prendre une bouchée. Non! Jamais lavement au poivre de Cayenne ne m'aurait fait danser comme ça. J'ai beau me déverser des torrents d'eau claire dans le gosier, la brûlure persiste comme une marque de fer rouge. C'est à en hurler! Je comprends les bersagliers! Pris entre les Autrichiens et ce sacré manger-là, ils ont tout passé à la baïonnette.

Accrocca et Gisèle Parny, impassibles, font un sort à nos quatre portions copieuses. Mon copain n'en croit pas ses yeux, et contemple sa voisine avec révérence. Puis il nous donne la recette :

« Tu prends des œufs, comme pour une omelette, puis des tomates crues, des concombres coupés en tranches avec beaucoup de safran, et quantité égale à tout le reste de piments rouges très forts avec beaucoup de sel et de poivre. Tu mets dans de l'huile très forte du raifort râpé et du fenouil avec de la rhubarbe, et tu fais comme une omelette ordinaire avec du poivre espagnol moulu fin par dessus. »

Je me doutais que ça devait être dans ce goût-là ! Lorsque je reviens du lavabo où je suis allé restituer ma part de cette gourmandise, il y a un cercle autour de ma table. Tous les garçons, une bande d'officiers ultramontains et sept ou huit petites dames font une ovation à Gisèle qui en est à la troisième assiette. Par défi, elle tourne inlassablement un moulin à poivre sur ce qu'elle va manger. Quant à Accrocca, les yeux lui sortent de la tête, et il y va d'un discours à la vertu guerrière des femmes de France, où il entremêle Clemenceau et Jeanne d'Arc, Gisèle et Napoléon. Pendant ce temps, l'héroïne de ce bel exploit essaye d'éteindre l'incendie à l'Asti, et je prévois qu'au moment du café elle sera remarquablement partie. Madeleine depuis un moment donne des signes d'énervement. Elle me déclare tout à coup qu'elle a la migraine et qu'elle veut rentrer. Gisèle, de son côté, nous fait connaître son intention de ne regagner sa demeure qu'à l'aurore. Le chasseur amène un taxi et Madeleine se lève et me regarde. Zut, après tout, je ne suis pas un toutou!

— Vous m'excuserez, ma chère, de ne pas vous déposer à votre porte, mais la plus simple correction m'oblige à accompagner votre amie que je ne puis laisser seule avec Accrocca...

La porte claque.

XXI

Je me suis éveillé à dix heures avec un prodigieux mal aux cheveux, la stomatite ligneuse bien connue des fêtards. Péruweltz, légèrement ironique, m'annonce que l'officier italien est parti depuis longtemps, mais qu'il a recommandé de ne pas m'éveiller. Donc Accrocca a couché chez moi, sans doute dans la baignoire ou sur un fauteuil. Comme je n'ai aucune souvenance d'avoir monté mes escaliers, il a dû chiper mes clefs, ouvrir la porte et organiser le cantonnement. Tout en me fourrant la tête sous le robinet d'eau froide, j'essaye de reconstituer la nuit passée.

Chez Poccardi, Madeleine nous a planchés avec un air constipé. Voilà un premier fait. Mme Parny était au-delà de tout secours. Accrocca oubliait son français pour le patois piémontais. De là, un taxi nous a posés Place Blanche, d'où nous avons filé par la rue de Calais jusqu'à un dancing clandestin en sous-sol où mes deux numéros ont tourné comme des chevaux de bois tandis que je buvais des quarts Vittel. Ensuite nous avons poussé jusqu'à la rue des Martyrs, dans une arrière-boutique très louche pour sénateurs, où Accrocca s'est éclipsé un moment avec une pseudo-mineure qui devait bien friser la quarantaine, tandis que Gisèle finissait de mettre à mal une bouteille de champagne. Cette femme est décidément extraordinaire. J'ai cru le moment propice à une petite enquête personnelle et j'ai voulu vérifier si sa poitrine tient réellement tout ce qu'elle a l'air de promettre, mais j'ai pris une gifle à me décoller les oreilles.

L'instant d'après Accrocca nous a rejoints, et nous avons posé l'enfant à son domicile. De là, où sommes-nous allés, je n'en sais rien. Je crois me souvenir qu'Accrocca devait partir à neuf heures pour Reims, mais rien de précis ne surnage. Je vais aller prendre l'air et faire cent pas sur les boulevards, j'en ai besoin.

Je suis allé jusqu'à la Bastille à pied, et de là revenu à l'Opéra. A onze heures, je m'installe à la terrasse du Café de Paris. Il fait une chaleur intolérable, et après ma course et surtout ma nuit, je sue à grosses gouttes. En voulant prendre un petit mouchoir dans la poche de ma tunique, voici que je fais rouler sur la table tout un régiment de perles. D'où diable cela peut-il venir? Il en coule toujours de tous les plis du mouchoir, et quelques-unes roulent par terre où le garçon les ramasse. Ça, c'est plus fort que de jouer au bouchon. Une par une, je les réintègre dans ma poche, lorsque mes doigts touchent des corps durs, et je tire de ma poche... les bagues de Gisèle. Je me souviens maintenant. Cette nuit, je ne sais où, le fil de son collier a cassé, et elle a fourré toutes les perles dans ma tunique. Elle y a mis également ses bagues de peur de les oublier en se lavant les mains. A part ça elle n'était pas dans les vignes du Seigneur. Quand je lève le nez, il y a autour de moi un cercle de figures attentives qui me regardent sans bienveillance. Je paye et je me lève, mais je n'ai pas fait dix pas que j'ai la sensation d'être suivi. Je me tourne, et j'aperçois deux agents, alertés sans doute par le garçon.

Cela devient stupide. Il faut prendre le taureau par les cornes. J'enfile une rue transversale et j'entre dans un café de modeste apparence. Les agents m'y suivent. Je les invite à me faire raison autour d'une bouteille, et après un bref conciliabule, ils acceptent. Là je leur montre diverses pièces d'identité et je leur raconte mon histoire. Ils hésitent visiblement entre l'incrédulité et le fou-rire. Enfin le brigadier prend son parti :

— Mon capitaine, je vous crois volontiers, d'autant plus que vos papiers m'ont l'air tout à fait en règle et que je crois bien me souvenir avoir vu votre photo dans un journal. Mais pour plus de sûreté, nous allons être obligés de vous accompagner chez cette dame !

Bravo ! Cet agent-là, c'est un as, un frère, jamais je n'aurais eu une idée aussi bouffonne. Vite un taxi et en route. Nous voilà brûlant le pavé et riant à gorge déployée. Arrivés à destination, nous grimpons l'escalier quatre à quatre et je sonne doucement. Un temps, puis un léger bruit derrière la porte :

— Qui est là?

— Le capitaine Péral.

— Oh! que c'est gentil. Vous veniez prendre de mes nouvelles? C'est que je dormais, je ne suis pas habillée et c'est le jour de sortie de ma domestique.. Je ne suis pas correcte du tout. Promettez-moi d'être sage et de n'entrer que quand je vous le dirai.

Je promets tout ce qu'on veut. Il y a une fuite de pantoufles dans un couloir.

— Entrez!

Sur la pointe des pieds, nous entrons tous les trois et je referme la porte. Est-ce à gauche, est-ce à droite? Après tout je ne suis jamais venu dans cet appartement, et même je n'en connais la locataire que depuis hier. Tout ceci est du plus haut vaudeville.

— Coucou!

C'est là. En procession, nous entrons. Assise dans son lit, Gisèle contemple les agents avec un œil stupide. Elle est un peu plus que déshabillée, dans un soupçon de chemise rose qui va parfaitement à son air ahuri. Elle roule de tels yeux et semble tellement abrutie que le fou-rire nous terrasse, les agents et moi. Gisèle a piqué sous ses draps et l'on ne voit plus d'elle qu'un bout de nez en fureur et un bras qui gesticule. Enfin le brigadier se remet assez pour raconter mon arrestation. Je sors les bagues et les perles.

— Mon collier!

D'instinct, elle regarde le meuble où elle a l'habitude de le poser, puis les perles étalées sur le drap. Le brigadier les compte :

— 47, 48, 49.

— Il est complet, Monsieur l'agent.

— Alors nous pouvons relâcher le capitaine, pas vrai?

Elle ne comprend pas, puis soudain la vérité se fait jour.

— Mon pauvre Péral, alors, on vous avait coffré pour de bon? Oh, que c'est donc drôle!

— Mon Dieu ma chère, en me voyant abusivement décoré et avec des bagues dans toutes mes poches, ils m'ont pris pour un bandit. Si j'avais porté au lieu des simples rubans ma croix de guerre à rallonge, ils m'auraient pris pour un déserteur et emboîté aux Invalides.

Très digne, le brigadier déclare :

— Nous n'avons plus rien à faire ici.

Et l'agent ajoute :

— Le coupable est innocent.

Ils saluent, prennent la porte et je les raccompagne dans le vestibule. Là je leur glisse un billet pour aller boire à ma santé et je leur recommande la discrétion. Ils sont tous deux littéralement malades. Le brigadier étouffe de gros sanglots et l'agent déclare qu'il n'a jamais vu une aussi jolie fille. Je finis par les traiter de vieux vicieux, de voyous et de saligauds. Ils passent la porte, mais le brigadier est obligé de s'asseoir sur les marches. Je rentre chez Gisèle prendre mon képi. Elle n'a pas bougé, médusée. Je m'excuse de l'avoir dérangée, lui baise le bout des doigts et prends la porte.

Ce départ, c'est un coup de maître.

Mes deux agents qui descendent en se tenant à la rampe, manquent tomber du haut-mal en me voyant reparaître. Leur psychologie simple de bons garçons bien portants leur faisait déjà rêver d'assourdissantes orgies entre la jolie fille et le sacré capitaine, et me voici tout habillé, très digne, descendant l'escalier avec la plus grande simplicité.

— A ben... A ben, vous n'êtes pas curieux vous!

En cet instant, Gisèle doit se faire le même raisonnement. C'est exactement ce que je voulais.

— Mon cher Brigadier, deux mots seulement. Vous estimez que je ne suis qu'un naïf de n'avoir pas profité de l'occasion, pas vrai? Quant à cette jeune femme elle s'attendait à être au moins violée dès que vous auriez tourné les talons. Mais après ça elle se serait désintéressée de moi et j'aurais toujours pu courir pour la rattraper. D'autre part, nous avons fait une petite vie la nuit dernière qui m'a laissé la gueule de bois et l'envie de dormir. Admettez que je ne sois pas tout à fait à la hauteur ou que je m'endorme pendant un entr'acte... tableau! Au lieu de cela, ce soir j'irai me coucher bien sagement à neuf heures, et demain c'est elle qui viendra m'éveiller pour me remercier de lui avoir rapporté ses bijoux. J'aurai dormi comme un petit ange et elle aura passé toute la nuit à sauter en l'air comme un chat maigre. Qu'avez-vous à dire?

L'agent ne dit rien, le brigadier non plus. Au

bout de la rue, nous nous retournons juste à temps pour voir, à sa fenêtre, une vague figure disparaître derrière un rideau. Le brigadier conclut en me quittant :

— Ça ne m'étonne pas que vous en ayez descendu des Boches; vous êtes encore plus ficelle que je ne pensais. En tous cas demain nous penserons à vous et nous boirons un coup à la santé de la particulière, parce qu'à mon avis elle en aura bigrement besoin.

La vérité sort de la bouche des enfants.

XXII

Au petit matin, Péruweltz est venu m'éveiller. Quand je dis petit matin, c'est une formule toute pure, car il est au moins neuf heures. J'ai encore vingt-quatre heures de liberté avant de retourner m'expliquer avec le petit biplan, aussi j'ai exhibé de véritables pantoufles de civil et un pyjama de pêcheur à la ligne. Avec un grand chapeau de paille doublé d'étoffe verte, je figurerais assez bien un rentier d'avant-guerre trempant du fil au bord de la Marne.

A dix heures, un coup de sonnette discret. Mme Gisèle. Péru me coule un œil torve et me rappelle sans aménité que demain il passera me prendre à six heures pour aller à Villacoublay. Puis il s'en va en claquant la porte. Il n'aime pas me laisser en liberté quand je dois voler peu après, et au fond il a peut-être rai-

son. Après les effusions et les explications auxquelles je m'attendais au sujet de ses bijoux,
l'enfant entre dans la voix des confidences.

— Je suis allée hier, après votre visite, voir
Madeleine. Elle était très fâchée contre vous
et votre escogriffe italien et elle m'a fait la tête,
sous prétexte que je vous avais accaparé. Au
fond, avec son air de poser à la vertu offensée,
je suis sûre qu'elle bluffe. Je suis persuadée
qu'elle n'est pas restée veuve si longtemps que
ça, et que depuis un an ou deux elle a un amant.

— Ah bah !

— Oh, je vous dis ça à vous parce que vous
la connaissez à peine (?) Je vous ai entrevu une
seule fois chez elle et elle vous faisait une tête
peu engageante. Mais moi qui la connais bien
je suis sûre, mais là sûre et certaine qu'elle ne
prend ces airs pudibonds que pour mieux faire
ses farces à l'aise. Qu'en pensez-vous ?

— Mon Dieu, Madame, il m'est bien difficile de me prononcer. Si vous tenez tant à ce
que Madeleine ait un amant, admettez que ce
soit moi et n'en parlons plus.

— Vous êtes tout à fait imbécile. Non, mais
jamais je n'ai vu un idiot pareil. Vous l'amant

de Madeleine! Vous en avez de bonnes... En tous cas cela importe peu puisqu'elle va se marier.

J'ai bien encaissé le coup, mais je me suis senti devenir si blême que je me suis réfugié dans mes devoirs de maître de maison.

— Un doigt de porto?

— Merci, assez! Et pensez-vous si elle est cachotière, ce diable de Madeleine. Ce n'est qu'hier qu'elle m'a annoncé ça. Au fond elle a raison; elle épouse un garçon très bien, qui a une grosse affaire de constructions métallurgiques et qui lui assurera sa tranquillité matérielle et son confort pour toute sa vie. Et elle continue à m'énumérer les raisons logiques qui militent en faveur du mariage de Madeleine. Peu à peu, tout en l'écoutant et en l'approuvant par intervalles, je me ressaisis. Ah! Madeleine savait ce qu'elle faisait en racontant tout cela hier à cette charmante écervelée. Elle a bien deviné qu'elle viendrait me le conter tout chaud et du premier coup elle a paralysé la riposte. Je vois d'ici la question :

— Comment savez-vous cela, mon cher, et comment cette personne était-elle chez vous?

C'est maintenant seulement que je mesure toute l'affection que j'ai pour Madeleine, quant à Gisèle elle me trouve peu communicatif.

— Non, mais vous en faites une tête. Auriez-vous eu par hasard sur cette belle enfant des projets que son mariage dérange? Vous avez l'air d'un toutou à qui on a retiré son os à moelle. Savez-vous que ça n'est pas aimable pour moi, et même à peine poli? Et d'abord il faut que je vous fasse une scène. Quel besoin aviez-vous hier d'envahir ma chambre avec vos sergots? Ils me reluquaient comme les chats regardent la crème. C'est bien la première fois que je me trouve en chemise au milieu de trois hommes! Vous êtes un muffle, mon chef Péral, un vilain Monsieur...

Et allez donc! Elle est bien remontée, bien émoustillée, bien décidée à ne pas quitter la place sans être arrivée à ses fins. Elle parle, elle parle, tandis que je regarde dans le vague. Je n'ai pas toujours été bien patient avec Madeleine, bien affectueux non plus, mais elle n'aurait pas dû me faire ça. Elle aurait pu me prévenir en personne; peut-être au fait est-ce cela qu'elle voulait me dire quand nous soupions avec Accrocca et que je l'ai laissée rentrer seule. Mais cette idée de me déléguer Gisèle est particulièrement combinée pour me couper l'herbe sous les pieds. C'est à moi de bouger, maintenant. Aller la voir? jamais de la vie. Lui écrire?

— Chère amie — j'apprend par Mme Parny votre prochain mariage...

Non mais de quoi aurai-je l'air, je vous prie. On n'écrit pas cela à la femme pour qui l'on a vécu des années, heure par heure. Si j'ai refranchi les lignes il y a deux ans le jour où j'ai été blessé, c'est uniquement tenu par l'idée fixe de la revoir avant la fin. Pendant des mois, chaque fois que le souffle froid de la tombe rampait autour de mon lit, c'est à son image que je me suis raccroché. C'est pour elle que je suis retourné me battre, pour ne pas être indigne de l'image qu'elle se faisait de moi, et tout cela ne s'enterre pas au fond d'un trou sans que la pierre que l'on pose dessus soit lourde.

— Vous m'écoutez, Péral, ou vous êtes dans la lune? Oh je vous en prie, regardez-vous vite dans la glace. Vous en faites une tête, mon cher! Il faut croire que depuis avant-hier vous aviez terriblement pris le béguin pour notre belle Madeleine!

Allons, il faut se tenir. Pour rester un homme propre, il faut ne pas laisser un instant soupçonner que cette nouvelle me frappe plus qu'il n'est normal. Il faut écouter couler le sang de mon cœur dans l'ombre et me draper dans sa pourpre en empereur romain. D'ailleurs cette petite est venue ici dans un but bien précis, qui lui fera oublier Madeleine et tout le reste.

— Un peu plus de porto?

— Non mais vous me voulez paff!

— Paff ou non, je crois Gisèle que je vous veux tout simplement.

— Hé là! hé là! C'est le souvenir de ma chemise rose qui vous excite. Voulez-vous me lâcher tout de suite, Péral! Qu'est-ce qui vous prend?

Ce qui me prend, c'est assez difficile à définir, c'est un besoin de m'étourdir en faisant du bruit, comme les gosses chantent dans le noir pour ne pas avoir peur. J'ai pris Gisèle par les deux épaules et je la serre contre moi. Ses yeux se troublent. Et tandis que je l'enlève comme une plume pour la jeter sur le divan proche, elle murmure d'une voix mourante :

— Veine! Moi qui ai toujours rêvé de rencontrer un satyre!

XXIII

Mon gros dix-huit cylindres tourne bien, malgré toute la défiance que j'en avais. Depuis trois jours je fais rouler mon avion sur le pré, de plus en plus vite. Sa vitesse de décollage doit être aux environs de 150, et il est lent à la prendre. A ce petit jeu, j'ai cassé une roue au passage d'un conduit de drainage, et j'ai eu tout le temps pendant qu'on réparait de revoir la cellule par tous les bouts. Ça m'a l'air de devoir voler.

Piloter un avion de modèle courant est une chose, mais faire voler pour la première fois un prototype inconnu est une toute autre paire de manches; le temps n'est plus où l'on doutait de pouvoir décoller. Il est bien évident qu'il s'enlèvera: avec les puissances actuelles ces petits monoplaces s'arrachent comme des plumes. Mais rien me dit qu'une fois à 250 à l'heure la fantaisie ne lui prendra pas de se retourner sens dessus dessous. J'ai une aile plus longue que l'autre de 60 centimètres, pour compenser le couple de renversement de l'hélice, et les effets gyroscopiques de ce gros rotatif doivent compter dans les virages. Enfin je n'ai plus aucune raison valable de reculer. Hier je suis allé comme dernière excuse, vérifier au laboratoire Eiffel les essais du modèle à la soufflerie et recalculer les courbes polaires et les déplacements du centre de voilure. En me couchant, j'ai fait un vœu pour qu'il fasse mauvais; mais ce matin le temps était radieux, comme par ironie. Je suis arrivé au terrain tout équipé et Péru avait déjà fait tous les pleins, orienté l'avion face au vent et fait tourner le moteur. J'y suis allé sans hésiter; ça m'a rappelé mon premier décollage en Blériot. Je doute que les pilotes qui ont débuté en double commande soient réellement capables de ce travail-là. Tandis que je tournais à plein moteur sur les cales, je n'avais qu'une seule idée :

— On verra, marche toujours!

Le terrain a filé sous moi comme une flèche et je me suis trouvé en l'air avant d'avoir eu le temps de comprendre où j'étais. Les derniers coups des roues et de la béquille avant que les ailes ne me portent ont été plutôt brutaux. L'avion doit être très lourd au mètre carré. Le pays défile et l'air ronfle terriblement. J'essaye un virage, bien à plat, sans trop oser pencher l'avion. Le dérapage est formidable, et le vent latéral me coupe brusquement le souffle. Le cadran indique 260; c'est à peu près ce que je prévoyais. Le virage dans l'autre sens est beaucoup plus difficile, à cause de la rotation de l'hélice. Il faut baisser le moteur à la moitié de son régime pour virer franchement, et l'avion pique. Il est lourd du nez.

C'est assez pour une fois. Les hangars grandissent, lancés à ma rencontre comme des locomotives. A l'atterrissage. Une fois... deux fois — quel saut!... Bing! sur la béquille! Vite un peu de moteur... encore cinq ou six bonds d'au moins cinquante mètres de long, et je cours sur les roues, à petits coups de moteur. Il s'arrête et je regarde... j'ai un pneu crevé. Les hangars sont loin, au diable. J'ai fait un bon kilomètre depuis le premier contact avec le sol. Il se pose terriblement vite, le frère.

Voici venir une auto. Cahin-caha, elle arrive dans l'herbe, sautillant à pleins ressorts dans les cahots. Voici le constructeur, son ingénieur, ses contremaîtres et le colonel-chef du centre. Péruweltz est assis sur la capote. Une seule question :

— Alors?

— Je ne peux pas dire... Péru, change la roue, je vais remettre ça.

L'auto repart, ramène une roue gonflée, et Péru travaille. Je prends l'ingénieur à part, sous prétexte de faire les cent pas, et je lui fais part de mes remarques qui ne regardent pas son patron. En quelques coups de clé nous abaissons le bord d'attaque du plan arrière, pour alléger le nez de l'avion. L'auto me remorque en position de départ, au bout d'une corde; ça fait presque autant de cahots que pour décoller.

A nouveau j'essaye le moteur, et Péru couché sur le fuselage, me souffle à l'oreille :

— Surtout ne fais pas le c...!

Les cales!... Et plein moteur!... Me voilà reparti. Sous l'impulsion de son hélice, l'avion penche, penche, roule sur une roue, et je suis obligé de me débattre à grands coups de gauchissement. Il s'enlève, retombe sur son train qui grince, puis j'arrive à le soulager de l'avant. Je suis à environ 50 mètres quand j'ai le loisir de jeter un coup d'œil sur les instruments de bord. Le moteur tourne à toute puissance. Une seconde je rends la main, et je tire tout à moi. L'avion s'est mâté et j'ai les pieds à la hauteur de la tête, mais le moteur tire toujours et je monte comme une fusée. Pas trop, que diable! Me voici parti cabré, rendant la main quand le compte-tours baisse, montant à environ 50 degrés de l'horizontale. Mille mètres, quinze cents... et le voilà qui foire. Les commandes deviennent toutes molles dans mes mains. Si j'insiste il va partir en vrille... et je ne le connais pas assez pour lui permettre ça. Le moteur a beau tirer, la voilure est insuffisante pour le poids.

Très doucement, très prudemment, j'ai remis l'appareil à plat. Cette fois, je vais atterrir sans moteur. Je connais bien le vent et je cale l'hélice loin avant les hangars. Une amorce de spirale et je suis face au champ. Maintenant, moteur éteint, l'air siffle d'une manière redoutable. Jamais je n'aurais cru qu'il se posait si vite. Quand les roues sont près de toucher, le compteur donne 180! Mais le sol est bon et je cours sans m'arrêter, plaquant le char au sol chaque fois qu'il veut sauter. La béquille traîne...

Les mêmes personnages accourent dans la vieille guimbarde.

— Alors?

— Vous l'avez bien vu, il se pose trop vite et il plafonne à 1.500. Il faut ajouter au moins cinq à six mètres carrés.

— Mais la vitesse va tomber!

— C'est évident. Mais ça m'est égal si je ne peux pas monter assez haut pour me battre. Au reste, il n'est pas maniable du tout.

Mes trois garçons font des figures longues.

— Et puis je n'y remonte plus. Une fois suffit; mon colonel, vous désignerez un autre pilote, s'il vous plaît, et vous me donnerez un autre travail.

Le colonel fait une figure d'enterrement et les autres ont l'air de suivre le cortège.

— Au reste, Messieurs, vous pouvez dire ce que vous voulez, que je me fais entretenir par Hispano, que vos concurrents m'ont graissé la patte pour faire échouer votre coucou, je m'en fiche et je m'en contre-fiche. Vous savez très bien que ce n'est pas vrai. Mais je n'ai qu'une peau et j'y tiens.

— Non, Péral, tranche le colonel, ni eux ni moi ne pensons ça de vous. Mais vous devez comprendre qu'il est dur de voir tout le travail de plusieurs mois s'écrouler comme ça. Mettez-vous à leur place.

— Evidemment.

— Enfin, fait le contremaître, qu'est-ce qu'on décide?

C'est Péruweltz qui trouve la solution.

— Faites-le essayer par un autre pilote, tel qu'il est, sans rien lui dire de ce qu'a dit le patron. En attendant, nous allons faire le montage de l'autre, avec le fixe de 300 chevaux et la grande cellule. Pas vrai, Péral?

— Oui, mon vieux, et pour bien leur faire voir que je suis leur type, je m'engage à l'essayer sitôt prêt.

Les mains se tendent, ils sont heureux, c'est

une affaire conclue. A la corde nous ramenons l'avion au hangar. Et comme je vais pour prendre congé, le colonel me dit, avec un petit sourire :

— A propos, Péral, il y a une dame qui vous attend dans mon bureau.

D'un saut j'y suis. C'est Gisèle. Avais-je espéré une autre? Je le crois. Ce n'est pas à elle que j'ai pensé en tirant à fond le levier des gaz. Mais la pauvre gosse a l'air si bouleversée, elle a les lèvres si pâles, elle a dû avoir une telle émotion quand je suis passé tout à l'heure comme la foudre à plein moteur au ras des toits, que je me sens pris d'une grande pitié pour elle. Elle est venue aujourd'hui pour la première fois au centre, malgré ma défense, et je soupçonne bien Péruweltz d'y être pour quelque chose. Il faut d'autres nerfs que les siens pour prendre des à-coups pareils, et je suis sûr rien qu'à voir ses yeux pleins de grosses larmes, qu'elle ne reviendra pas de sitôt à Villacoublay.

Et nous rentrons à Paris, bras-dessus bras-dessous comme deux amoureux d'avant-guerre.

Il faudra que je regarde dans les journaux du soir s'il n'y a pas quelque film de Charlot Chaplin ou autre pitrerie notoire dans un ciné, pour y conduire la petite.

XXIV

Les mois ont passé et je me suis peu à peu habitué à ma nouvelle existence. J'en suis à mon quatrième avion à l'essai et cette besogne infernale me passionne autant que le combat. J'ai pris pour principe de ne jamais assister au montage des avions que je dois essayer. Quand Péruweltz me prévient, je me rends au centre, pour avoir la surprise. Dans le hangar, l'arrière surélevé par des caisses, l'avion est là en ligne de vol, tel qu'il sera en l'air.

Je passe des heures à le regarder, de tous les côtés. Je m'assieds sur une caisse à bidons, je prends un livre dans ma poche, et je me force à lire sans lever le nez. A la fin de chaque nouvel examen des détails nouveaux me sautent aux yeux, des lignes mal profilées, des défectuosités de forme, des imperfections de montage. Je note tout cela sur un papier et je reprends ma lecture.

Plus tard je m'installe en plein champ, le fuselage bien horizontal, et je passe mon après-midi assis à ma place de pilote. C'est là, à mon avis, tout le secret du pilotage d'un avion nouveau. Je regarde en flâneur le champ d'essai où mes camarades tournent, le gros bombardier que l'on extrait de son hangar sur un petit Decauville, les Bréguet, les Salmson, les Spad, les Nieuport, toute la petite famille d'avions cocasses, tirés à un exemplaire pour voir ce que ça donne, et qui s'escriment à qui mieux mieux. Et quand je reporte les yeux sur le mien, je m'aperçois que la distance du sol à moi m'est devenue familière; je sais sans avoir volé, à quelle hauteur il me faudra redresser pour que mes roues frôlent l'herbe et mes gestes trouvent automatiquement les commandes, les leviers, les contacts.

Plusieurs camarades se sont tordus au début en me voyant faire, qui maintenant font comme moi. Même, ils ont apporté à mon système un perfectionnement que j'ai adopté avec enthousiasme : une ombrelle fixée au dossier, comme les peintres paysagistes. Je me suis tellement adapté à cette nouvelle vie que j'ai l'impression d'aller paisiblement chaque matin gratter du papier dans les bureaux d'une grande administration. Pourtant, dans ces heures où je rêve dans ma carlingue pour en prendre l'accoutumance, j'ai parfois un peu honte. Tandis que je mène cette vie choyée et tranquille, passant parfois lorsqu'il fait mauvais six ou sept jours à Paris sans rien faire que bâiller au lit jusqu'à dix heures, Gisèle à mon côté et mon chocolat bien chaud sur la table de nuit, je ne puis m'empêcher de songer que du temps de Madeleine je ne serais pas resté ainsi terré dans mon confortable. Plus affectueuse que Gisèle, plus exaltée aussi, elle avait sur moi une influence saine et forte. C'était une Française et non un oiseau. Gisèle, tout en étant une maîtresse incomparable, est sentimentale à peu près comme un bilboquet. En elle, c'est la peau qui cause, le cœur n'a pas voix au chapitre. Notre liaison est basée sur le parfait accord réciproque de nos capacités physiques, mais je serais n'importe quelle sombre espèce de salaud, un mercanti ou même un député que cela ne changerait rien à la chose.

C'est un soir de janvier que j'ai senti monter le plus fort, en moi, l'appel de la bataille. 1918 commençait, Villacoublay était sous la neige. A peine une petite bande déblayée à grande peine pour le décollage et l'atterrissage des avions. Le verglas et les « chevaux de bois » interdisaient tout essai. Gisèle avait fait la veille avec une amie le pari idiot de rester vingt-quatre heures au lit. Il paraît que j'étais compris dans le pari — naturellement — aussi avais-je des yeux jusqu'au milieu de la figure. Depuis le matin, des groupes de fêtards se succédaient chez nous, pour nous empêcher de tricher, et Péruweltz fort gravement nous avait apporté notre déjeuner, en recommandant de prendre garde aux miettes de pain qui pourraient bien nous chasser du lit. Un coup de sonnette, des voix dans l'antichambre... je crie : Entrez!

C'est mon vieux Renaud, l'adjudant de l'escadrille. Je fais un bond en pyjama et je vais à lui. Il reste stupide... toutes ces perruches en train de potiner dans un coin, Gisèle couchée, et moi pas encore levé à quatre heures du soir! Ce n'est pas ainsi qu'il pensait retrouver son vieux Péral. Il y a une gêne... En vitesse je m'habille dans la salle de bains, et prenant Renaud sous le bras je l'emmène faire un tour. En marchant, je lui explique mon travail à Villacoublay, mes risques de prendre la jolie pelle, les facilités que j'ai pour habiter Paris... en un mot, Dieu me pardonne, je m'excuse comme si j'avais à me justifier. Renaud est parfait, il n'a pas un mot qui puisse me faire de la peine, mais je vois dans ses yeux que je suis tombé singulièrement bas dans son estime. Nous sommes allés souper ensemble, sans grand entrain, et je l'ai ramené à son hôtel. Dans l'ascenseur, je cherchais à me rappeler depuis combien de temps, combien de mois je n'avais pas écrit à l'escadrille.

Dans sa chambre, seuls nous deux, je tâche d'être gai, je le félicite de sa Légion d'honneur qu'il n'avait pas de mon temps, je tâche de redevenir le Péral qu'il a connu. Tout à coup il se décide.

— Je suis venu, mon capitaine, pour vous annoncer un malheur. On n'a pas voulu vous l'écrire parce qu'on a pensé que cela vous ferait trop de mal...

Avant qu'il ait parlé, je sais la vérité.

— Brémond est mort!

Il baisse la tête et grogne :

— Ils étaient cinq. J'en ai eu un, mais je n'ai pas pu le dégager.

Il s'est mis à ranger ses valises et j'ai pleuré longtemps. Devant lui je pouvais. Mon pauvre cher Brémond! Quand enfin je me suis levé pour partir, il m'a remis, sans un mot, une photo qui m'a fait mal. Un lit de camp devant un hangar, avec des branches de sapin et des couronnes de feuillage, et, sous un drapeau, Brémond mort...

Renaud me regardait, attendant le geste, l'annonce de mon retour. J'ai eu le triste courage de lui serrer la main et de m'en aller. Tard dans la nuit j'ai éclairé ma lampe et sous la lueur rose de l'abat-jour j'ai regardé dormir Gisèle; sa chemise avait glissé et sa poitrine se soulevait doucement à son souffle calme. Et l'envie m'est venue, farouche, subite, en pensant à quel point sa chair m'a rendu lâche, de planter un couteau jusqu'à la garde entre ses seins superbes et de me sauver là-bas, me faire tuer au feu si j'en suis encore digne.

Jusqu'au matin j'ai tremblé doucement, par peur de lire en moi-même...

12

XXV

Ce soir, l'avion n'a été prêt que très tard. Le moteur s'obstinait à ne pas tourner rond, il avait des retours, des éternuements, des crachements de feu. L'hélice, quand les hommes la tournaient, donnait de grands coups de faulx en arrière, comme des ruades. J'ai eu peur pour les mécaniciens et j'ai repris moi-même le réglage des soupapes. A la fin, à force de fouiner, j'ai trouvé une tige de culbuteur déréglée qui s'était allongée et empêchait un clapet d'échappement de porter sur son siège. Une fois tout remis en place, le jour finissait presque, mais j'avais encore un peu de temps avant la nuit. Déjà le soleil était tombé derrière les hangars et le terrain était à l'ombre lorsque j'ai roulé. Cette fois le moteur chantait à pleine gorge et je n'ai pas hésité à tirer à fond pour monter.

Peu à peu, le soleil a reparu sur l'horizon. J'étais rentré dans ses rayons et il semblait se lever en sens inverse. C'est ainsi que, dans les montagnes, les cimes restent éclairées longtemps après les vallées.

Je suis monté très vite, près de 5.000 en dix minutes. Sous moi, sur Paris disparu, une vaste nappe de nuages blancs. A la surface de leur houle, de gros champignons de vapeurs venaient crever, des panaches violemment éclairés fusaient, projetant des ombres nettes sur le reste des nuées. C'étaient les gros cumulus, ceux qui s'amoncellent au soir vers le couchant, les « balles de coton » des marins. Derrière moi mon ombre courait sur les pentes et les ravines, montant et descendant sur les boursouflures de lumière. Le soleil s'est repris à baisser, vers l'horizon rouge, curieusement déformé en ovale par la réfraction. Puis l'ombre est venue et avec elle le froid. Les nuages sous moi avaient pris une teinte grise, uniforme, livide. Je suis descendu en spirale, entre deux murs de ouate sombre, dans une cheminée noire comme un puits.

En contraste avec les splendeurs de là-haut,

Paris crachait ses fumées immondes qui faisaient sur la ville comme un plafond sale. J'ai traversé des espèces de nappes de suie, des brumes collantes couleur araignée de muraille. Les maisons avec leurs toits uniformément enfumés avaient un aspect morne, Villacoublay et son aérodrome m'ont fait l'effet, quand je me suis posé, de ces terrains vagues de fortifs en marge des barrières, où tout le sol est pourri et jonché de vieilles boîtes de conserves, de tessons, de cendres et de ressorts à matelas.

Je me demande ce que je fabrique ici depuis des mois. Aux tranchées, l'homme s'émousse à la monotonie des tours de garde et des relèves, mais nous, nous avons trop de temps à nous, trop de temps pour réfléchir, pour comprendre, pour être des hommes et non uniquement des soldats; et certains soirs, la folie monte, qui s'incrustera et que jamais je ne pourrai plus chasser.

C'est notre maladie à nous, comme le cafard est la maladie des tranchées. C'est peut-être cynique, ce que je pense là, mais l'excès de confort et de liberté produit exactement les mêmes effets que l'excès de découragement et de boue.

Combien de fois ai-je entendu les poilus se raconter, naïvement, sans grands mots et sans phrases, le déchirement des retours de permission. Ils ne font pas d'histoires ni de sentiment. Le peuple est d'ailleurs muet en général sur ses affections et ses peines. Mais ce retour du foyer, de la vie calme de l'arrière au grand tonnerre des lignes leur porte chaque fois un coup. Nous, constamment fourrés à Paris ou dans les villes de l'arrière-front, nous éprouvons à tout instant un retour de permission perpétuel. C'est très beau d'aller chercher un avion au Bourget et, de là, après un gentil dîner en tête à tête, de finir la soirée à l'Opéra, mais le lendemain, au petit jour, la brisure des shrapnells est plus sèche. L'homme qui reste vissé au front souffre plus, il regrette moins. Il ne touche pas du doigt jour par jour l'ironie de son destin de soldat. Le pilote qui, comme le pauvre Navarre, s'en va toutes les semaines à Paris figurer dans la sainte bamboula qui y fait rage et qui revient au matin combattre, le front collé à son viseur dans l'ouragan de vent glacé, celui-là est marqué pour la folie. Un jour ou l'autre ses nerfs se détraquent, il devient une chiffe sans réflexes, sans volonté, sans honte. Il a vécu seul, il s'est battu seul, il a veillé seul avec ses pensées, menant à plein orgueil sa vie de contrastes et de façade, il mourra seul. Un jour vient où la bête lâche, où l'avion s'écrase, où l'air se venge. Et l'on s'étonne qu'un si grand as ait péri si misérablement. Nous, nous savons. A force de vibrer toujours plus haut et plus aigu la corde vient de se rompre.

Maintenant que, pour la deuxième fois, j'ai abandonné la guerre, je sens que rien ne m'y fera revenir. Mais si jamais je devais retourner je me cloîtrerais sur mon terrain d'escadrille sans regarder derrière moi, sans profiter de mes permissions. En fait de détente, la bête lâcherait.

XXVI

La petite chambre blanche où je suis couché n'a rien de l'hôpital selon la formule. Elle est gaie et claire. Le soleil entre à pleine fenêtre et éclaire les meubles laqués blanc, Péruweltz assis confortablement dans un fauteuil en ro-tin, et le Médecin-chef qui sourit en regardant ma feuille de température, escorté de tous ses adjoints. C'est la visite.

— Dans deux jours, vous trotterez comme un lapin.

Je ne demande pas mieux, pour ma part.

Ma chambre se vide, et, pour la première fois je regarde la pièce où je me trouve. J'ai dû avoir une commotion formidable, mais à part une douleur sourde au crâne, il ne me reste rien. Aujourd'hui je me remets à vivre, sans savoir ni le jour, ni la saison. La dernière chose dont je me souvienne, c'est mon décollage sur le petit monoplan de chasse qu'on m'avait confié. L'avion filait, léger, fin, doux à la manœuvre, et j'ai pensé pouvoir sans risque essayer avec lui toute la gamme des acrobaties. A trois reprises différentes j'ai fait des piqués de combat presque jusqu'à terre. Repris en main, le « char » remontait comme une fusée. A la fin j'ai piqué de très haut, le moteur au ralenti, jusqu'à attraper 220 à 240 ; alors j'ai redressé doucement, puis j'ai lancé le moteur à plein, pour voir. Le fuselage s'est arraché et les ailes sont restées en arrière. Je ne me suis pas vu tomber, mais j'ai senti dans tous mes os le choc contre la terre.

De tout cela, il ne me reste que l'impression d'un mauvais rêve.

Péru a tiré son fauteuil près de mon lit, plié son journal, et, posément, il a commencé :

— Puisque tu es sur pied et que le docteur dit que ça ne craint plus rien, je vais te dire ce qui s'est passé depuis que tu t'es mis en boule. Tu m'as fait une frousse que je ne te pardonnerai jamais. Quand je t'ai sorti de dessous, tu ne soufflais plus, ou presque. On t'a apporté ici et tu y es resté des jours sans piper, avec quelques cuillerées de lait et pour te tenir des piqûres de drogues. Le Bib ne voulait pas me laisser coucher mais je me suis mis en travers et maintenant on est une paire d'amis. Mme Parny est venue te voir, mais tu délirais, tu l'appelais « Madeleine » et le Bib l'a fait trotter. Au bout de quelque temps, comme tu battais toujours la campagne, j'ai été trouver ce bon Bib dans son bureau et je lui ai raconté tes ennuis.

— Qu'est-ce que tu en savais?

— Péral, tu m'affliges. Tout capitaine que tu es, tu n'es qu'un gosse de vingt-trois ans, et le vieux Péru n'a pas les yeux dans sa poche. Donc, nous avons tenu conseil et je suis allé la chercher.

— Qui ça, N. de D...?

— Madeleine. Tiens-toi tranquille, si tu remues je ne continue pas. Puisqu'elle a changé de nom, j'ai eu de la peine à trouver sa nouvelle adresse, mais je l'ai trouvée. Je sonne, j'entre, et je tombe sur le mari... Tiens-toi tranquille. C'est un ancien du 152° qui a perdu un bras à l'Hartmann. Un homme. Il m'a fait entrer, m'a demandé mon nom, et a appelé sa femme. Monsieur, qu'il m'a fait, Madeleine m'a mis au courant de tout lorsque j'ai demandé sa main; c'est pourquoi j'estime qu'elle n'a pas à rougir de rien. J'ai déjà vu l'accident du capitaine Péral dans les journaux. Alors je leur ai lâché tout le morceau, comme quoi tu râlais dans ton coin en appelant sa femme, et que le Bib n'avait pas d'espoir. Mon vieux Péral, c'est un homme, ce type-là, tout en majuscules, H, O, M, M, E! Il s'est tourné comme ça vers elle en disant : « Mon amie, téléphonez donc pour un taxi, il est plus convenable que je vous accompagne. » Ils sont venus et ils sont restés près d'une heure; tu n'ouvrais pas les yeux, et tu en disais, et tu en disais! Enfin tu les a regardés et tu as eu l'air de la reconnaître.

— Je me souviens vaguement...

— Oh, tu n'étais pas fier! mais enfin tu l'as reconnue. Elle t'a embrassé sur le front et tu t'es endormi. Le Toubib est entré et a dit : « Il est sauvé. » Moi, j'en pleurais, je les ai ramenés à leur taxi et de là chez eux. C'était hier.

— Hier!...

— Ce matin, je t'ai chipé des sous dans ton

portefeuille et j'ai été lui acheter un bouquet tout ce qu'il y a de rupin, blanc et grand comme pour une Sainte Vierge : des roses et des œillets à ne pas se croire au mois de mars.

— De mars?

— C'est vrai, tu n'es plus à la page. Mars 1918 après Jésus-Christ. Il y a bientôt trois mois que tu fais le veau dans ce lit. A propos, les Boches ont enfoncé le front et nous tenons par la peau des ongles. Les Anglais aussi ne sont pas blancs. Il n'y a qu'un rideau d'auto-mitrailleuses et un poilu par-ci par-là. Toute l'aviation est devant la brèche en train de mitrailler les troupes et les convois... Alors à tout hasard, quand le Bib a dit que tu allais être si fringant, j'ai tout liquidé à Villacoublay et j'ai télégraphié à Renaud que nous arrivions.

— Merci.

— Si j'ai eu tort...

— Et Gisèle?

— Mᵐᵉ Gisèle te pleure sur un mode mineur, avec lamentations, deuil et tra-la-la! Si tu m'en crois tu partiras d'abord et tu lui écriras ensuite de là-bas. J'ai touché un Spad biplace qui tourne rond, car tu penses bien que je ne vais pas te laisser voler seul. Tu vas te lever et sortir. Si tout va bien, on partira après-demain. C'est d'ici huit jours qu'on saura si les Boches viennent à Paris ou non. Il faut être là. Je vais faire ta cantine, toi, digère ce que je viens de t'apprendre et habille-toi. On soupe en ville. Après-demain on les met. Voilà tes frusques.

Je reste seul dans la petite chambre blanche, et, d'un geste automatique, je m'assieds sur le lit et j'atteins une chaussette. Levons-nous.

XXVII

Depuis des mois la menace s'est détournée
de nous, et la furieuse attaque allemande a
échoué comme les autres. C'est le dernier sur-
saut, j'en ai l'impression, mais nous avons eu
chaud et l'alerte a été rude. En désobéissance
formelle aux ordres de Pétain qui prescrivaient
d'organiser le front sur une profondeur de
douze kilomètres, des chefs ignares avaient em-
pilé toutes leurs ressources et toutes leurs dé-
fenses en première ligne. Quand j'ai rejoint
avec Péru la situation était lamentable. A chaque sortie, on voyait arriver, toujours plus den-
ses et plus infinies, les colonnes allemandes
refoulant notre front. La discrétion ordonnée
de la presse empêchera les civils de se douter
du coup, mais à mon avis cela a été un nouveau
Charleroi, pour la panique et la débandade.

Mon escadrille s'est bien tenue au milieu de

ce vacarme. Nous avons fait voyage sur voyage, nous arrêtant juste pour faire le plein d'essence et de cartouches. De là, nous repartions mitrailler, non plus dans les tranchées mais le long des routes. Les Allemands ne se gênaient pas : plus rien devant eux. Ils encombraient les chemins, autos, chevaux, canons, troupes en marche. Nous piquions dans le tas en suivant la route à la mitrailleuse. L'effet de l'avion mitraillant sur les colonnes d'infanterie est formidable. La bombe vient de haut, elle siffle et hurle, l'homme se jette à plat ventre, attend l'éclatement et continue sa route; mais il faut se mettre à la place des soldats poussés en avant à marche forcée et qui, au crépuscule, entendent venir à eux à cent mètres de haut le crépitement des pièces qui fauchent. Une ombre rapide passe, des hommes tombent. Courir à droite ou à gauche c'est peut-être se jeter dans la gerbe invisible... et déjà un autre avion passe en ronflant et en crachant des balles. Et ainsi de suite pendant des heures. Pauvres diables!

Enfin nos fantassins ont gagné à grande allure vers les Anglais et le front s'est ressoudé.

Nul ne saura par quel miracle d'énergie et d'endurance, par quelle connaissance totale du débit des routes et des voies ferrées on a pu les déplacer à temps sur le vaste échiquier de la guerre. Ce que l'on a demandé de fatigue et d'abnégation à chacun de ces soldats, prélevés parfois dans les Vosges, parfois en Belgique, marchant trente heures pour s'empiler à la gare sur des plates-formes découvertes, roulant jour et nuit, sautant du train dans les camions, des camions dans les tranchées, et arrêtant net, au débotté, un ennemi dans le feu de sa victoire! Mais un calme relatif est revenu et je crois maintenant que nous aurons le dernier mot.

Que tout est changé ici! A part Renaud, je ne connais plus personne parmi les pilotes. Mon escadrille s'est égrenée sous les balles et je n'ai que des nouveaux autour de moi. Au fond il n'y a pas lieu de s'en étonner. Dans une attaque d'infanterie, sur cent hommes hors de combat il y a bien soixante blessés qui s'en tireront, mais sur cent pilotes hors de combat, il en revient à peine dix. A Paris dernièrement, en fouinant au Ministère, j'ai eu les chiffres exacts.

L'infanterie aurait perdu environ cinquante pour cent de l'effectif engagé et le personnel naviguant de l'aviation un peu plus de quatre-vingt, depuis le début de la guerre. Quand je songe à mes amis de 1914, je fais la revue des ombres. Mais ils sont gentils tout plein, mes gosses, pleins d'orgueil de leurs étoiles de pilotes, confiants dans la victoire et tous fiers de leur capitaine cuirassé de palmes. Car avec ces combats contre l'infanterie boche, j'ai recommencé à faire un trust.

Je suis revenu à mon vieux terrain de Sommes-Vesles, en Champagne. J'ai dans les environs deux escadrilles américaines, une sur Spad, l'autre sur De Haviland. Dernièrement je leur ai fait voir, près du village, à moitié effacée par l'herbe, une rangée de trous creusés à la pelle-bêche derrière une bosse de terrain. C'était quand nous reculions, juste avant la Marne. Longtemps ils sont restés muets à contempler ces modestes égratignures du sol qui ont été le fossé immense où a trébuché l'invasion. Alors Renaud leur a retracé, en son rude parler de vieux soldat, la formidable épopée des pantalons rouges. Il leur a dit les jours de la retraite où il marchait, dragon démonté, à la tête d'une poignée de zouaves et de coloniaux. Il leur a fait revivre la rage qui prend le soldat obligé de céder pied à pied le sol du pays, reculant face à l'horizon rouge derrière lequel les villages brûlent, fuyant face à l'assaut ennemi en poussant du dos l'exode lamentable des enfants, des femmes et des vieux. Lorsqu'il eut fini de parler, j'ai compris aux visages qui l'entouraient que la leçon n'avait pas été inutile. Entre le Canada pacifique et le Mexique impuissant, l'aigle américain dort tranquille sur ses deux océans, mais tout aussi terriblement que les gars de France les Américains se lèveraient jusqu'au dernier contre tout envahisseur. Il est bon cependant que ces gens-là viennent toucher du doigt, à travers les utopies de Wilson, les réalités rouges de la guerre. Mais j'ai beau faire, je ne retrouve plus ici la joie de l'effort individuel, de la lutte particulière, qui faisait le grand attrait de l'aviation. Je mène mon « vol de canards » à des patrouilles où les accrochages deviennent de plus en plus rares. Certes, le travail est efficace et l'ennemi est refoulé de façon effective, mais la chasse, la belle lutte de Pégoud, de Navarre, de Guynemer, de Bœlke, d'Immelmann et de tant d'autres morts est une chose que je ne reverrai plus. Le combat isolé est devenu impossible, et avec l'arrivée des nouveaux triplaces rapides à doubles tourelles nous verrons des combats d'escadres en lignes de file, vrai Jutland de l'air, où la manœuvre ne comptera pas et où le volume de feu sera tout. C'est un progrès indéniable, mais cela me dégoûte considérablement. Au reste tous, après quelques années de front, un sentiment trouble nous étreint. L'as n'est pas seulement un tueur, et ses nuits sont parfois affreuses, lorsque sur les ailes de ses victimes les croix noires dansent autour de lui.

Que nous étions gosses, à Pau, Guynemer et moi — « la petite fille blonde et la petite fille brune » comme disait un copain — « les deux machines à faire... enrager le monde » selon les mécanos. Que nous étions jeunes, ardents et sans souci. C'est là que nous avons livré ensemble notre premier combat, à propos d'un plat de haricots. Comme nous discutions avec fureur sur le monoplan Vendôme — que c'est loin — Georges à bout d'arguments m'avait

coiffé du saladier de soissons, d'où lutte, bagarre, bris de chaises et corrida. Mais Gar-
bero, l'homme d'Antibes, plein d'astuce et de
sagesse, nous eût vite séparés avec une cruche
d'eau, moyen aussi bon pour les élèves-pilotes
que pour les roquets. Nous nous étions boudés
quinze jours, mais un beau matin, comme nous
entrions chacun de notre côté à la cantine en
nous jetant des regards noirs, une file de camarades a poussé jusqu'à la pompe remplir quantité de seaux d'eau qu'ils ont disposé en cercle
autour de nous, et jamais éclats de rire plus
homériques n'ont présidé à une aussi franche
réconciliation. Le lendemain le Père Dorme,
l'as disparu au si bon sourire, nous jugea
« pour avoir troublé la paix publique ». En
expiation, des exécuteurs enthousiastes me pei-
gnirent la figure et les mains à l'huile de noix
tandis que l'on coulait de la bougie dans les
cheveux de Guynemer. Il en fut débarrassé en
deux jours, et c'était un spectacle du plus haut
comique que de le voir faire fondre sa cire avec
un fer à repasser et l'absorber avec un buvard;
mais moi! Le savon me vernissait, me laver ne
servait qu'à me faire briller davantage. J'étais

violet, olivâtre, et quand enfin ma peau reprit sa couleur naturelle, j'avais l'air d'un lépreux galeux atteint d'eczéma. Dans les rues de Pau le vide se faisait autour de moi, et le Médecin-chef de la place voulait me faire interner d'urgence dans un pavillon d'isolement. Rien de plus bouffon sous le soleil : nous avions trente-sept ans à nous deux.

Je ne l'ai rencontré qu'une fois depuis. Pendant des heures, nous avons causé de notre vieille école, des amis disparus, des belles heures d'insouciance et je sentais que, comme moi, il se disait : « Qu'il a changé! » La guerre nous avait pris enfants, et maintenant!

Lorsqu'il s'est habillé pour monter, j'ai vu ses doigts trembler doucement en bouclant son casque, et nous nous sommes regardés un instant, sans vouloir nous dire tous deux quelle était notre peine. Puis il s'est envolé, après une dernière poignée de main, et je ne l'ai jamais revu, et, lorsque j'appris la nouvelle de sa mort, j'ai songé aux vers de Rivoli :

Aux armes du héros les larmes font des taches
J'ai passé rude et brusque entre l'éclair des
[haches

J'étais soldat. Devant mon dur profil lauré
L'avenir ne doit pas savoir si j'ai pleuré.

Oui, c'était bien là « le lourd chagrin de César, ignoré des Annales. » Aussi lorsque de Paris me viennent, régulières, des lettres d'une écriture que je connais bien, je frotte une allumette et, sans ouvrir, je regarde monter la flamme.

Nous avions vécu en plein rêve. Lancés dès les premiers jours de la guerre dans cette chose irréelle qu'était alors le grand vide des nuages, nous nous sommes sentis devenir Rois, devenir Dieux! Au commandement de nos doigts le moteur crachait sa grande hurle. Couchés à terre, les hommes maintenaient l'oiseau léger par les roues, par la béquille. Un bras levé, un geste de commandement, et l'avion s'arrachait et montait dans l'air immense. Puis est venu le feu auquel nous marchions, nous les enfants, comme à une consécration impatiemment attendue. Le premier contact a été effroyable, mélange de joie et de terreur.

Après est venu l'Orgueil.

Patrie, Honneur, Devoir militaire, tout a

blêmi pour nous devant la statue de notre Gloire. Nous avons éprouvé à plein corps la joie des conquérants. J'ai compris alors ce qu'ont dû éprouver les hussards de l'Epopée, Lassalle sabrant l'Autriche, Ney et le grand Curély qui pendant trente ans coupa en deux les escadrons de tous pays, le sabre au poing et la pipe à la bouche. Au-dessus de la guerre devenue fange et fumée, nous sommes montés très haut, comme les grands rapaces, et nous avons bu et mangé le soleil et la lumière, au-dessus des dévouements obscurs. Mais l'homme n'est pas fait pour vivre perpétuellement d'enthousiasme et de frénésie, et nous avons payé en heures sombres la rançon de nos joies. Les moteurs ne tournent pas impunément au régime extrême, les hommes non plus, et c'est pourquoi, par crises, je sens parfois revenir l'enfant d'autrefois, qui s'effare et qui prend peur.

XXVIII

Je n'ose pas reprendre ces notes, après le coup de foudre qui vient de m'abattre. Péruweltz est mort! Un matin nous sommes partis comme d'ordinaire tous deux sur le Spad-Lorraine. Depuis plusieurs sorties je ne volais plus qu'avec lui, car pour dégager mes débutants des guêpiers où ils allaient se fourrer à tout bout de champ, le feu en retraite du biplace m'était indispensable. Par extraordinaire, nous n'avions rencontré personne. Pas un combat, pas un avion ennemi, pas de mitrailleuses de terre à ma connaissance car nous étions trop haut. A peine quelques boules jaunes, de shrapnells sentant l'ail. En repassant les lignes, je lui ai tendu la main sans me retourner. C'est un rite des vieux combattants de l'arme, sur les biplaces, que de se serrer la main une fois le danger passé.

Comme nulle pression ne répondait à mon geste j'ai regardé... Dieu!

Le bon géant était assis dans sa tourelle, immobile, souriant, les bras croisés. Un filet de sang coulant de ses lèvres se perdait dans son casque, au vent de la marche. J'ai cru devenir fou, et je me suis précipité vers la terre. Dans le premier pré vide, près d'une haie, j'ai éteint mon moteur et j'ai sauté sur Péru. Il était déjà froid, tué raide d'un gros éclat d'obus à la tempe. C'est là que des artilleurs m'ont trouvé, sanglotant dans l'herbe, et que plus tard Renaud est venu me chercher avec la voiture.

Péruweltz!

Pendant des jours, je n'ai pu remonter au feu, et toutes les nuits Renaud m'a veillé sans repos, en brave homme qu'il est. Je suis à bout de nerfs et la carcasse me mène. Hier, en voulant boire, je tremblais tellement que le verre en cliquetait contre mes dents. J'ai eu honte et je me suis levé de table.

Le chef m'a remis mon courrier et tout de suite j'ai distingué l'enveloppe de Gisèle, l'inlassable lettre coutumière. Alors la rage m'a pris, une rage sombre, sourde, noire, qui m'a fait crisper les doigts jusqu'à en chasser le sang. Sans elle, jamais je n'aurais rompu avec Madeleine, jamais Péru n'aurait été obligé de me ramener ici, et le cher vieux reviendrait encore tous les soirs chez sa sœur à la Courneuve fumer sa pipe, ses neveux sur les genoux. Puis, en continuant à regarder l'enveloppe, j'ai compris que c'est moi, et non elle, dont la faute est inexpiable.

Et voici revenir, irrésistible, la grande poussée de colère que je n'avais pas encore éprouvée depuis mon retour au front. Puisqu'il faut y passer jusqu'au dernier et que les meilleurs sont les plus sûrs de leur sort, du moins l'escadrille et moi nous aurons eu de belles funérailles. J'ai déblayé le travail et mis mes papiers en ordre, et j'ai relu la dernière lettre de Baron à ses amis d'escadrille :

— Au cas où je ne reviendrais pas, que mon meilleur copain veuille bien rassembler mes livres, mes bibelots, mes meilleurs frusques, en emplir ma cantine et envoyer le tout à mon père.

Sur ce, bonsoir et que Dieu vous garde de

mourir trop vieux! C'est l'honneur des vaillants de ne pas vivre tard.

Le chemin est tracé, la route est droite, sans chemins de traverse. Justement demain les ordres me laissent pleine liberté pour les patrouilles. D'autres escadrilles assurent la protection du front. J'ai rassemblé les pilotes et leur ai fait part de mes intentions. A neuf heures, départ par l'Argonne, Vouziers, la vallée du Tunnel Détruit, Somme-Py, retour par Souain.

Un de mes jeunes a demandé :

— Et l'après-midi, mon capitaine?

Je n'ai fait que sourire et Renaud a répondu :

— Il n'y aura pas d'après-midi.

Maintenant tous se préparent, les moteurs tournent, les mitrailleuses crachent face à la butte, l'enthousiasme des grands coups monte peu à peu à son paroxysme. Si le destin veut, comme je le souhaite, que les Allemands s'opposent à notre passage, nous ferons notre trace rouge dans le ciel. Peut-être cette nuit, pour la première fois depuis la mort de Péruweltz, je retrouverai le sommeil.

XXIX

Il est cinq heures du matin et le jour pointe
à peine. Je viens de m'éveiller lourdement, car,
chose qui ne m'était pas arrivée depuis longtemps, cette nuit j'ai rêvé. Je ne puis même ap-
peler ça un rêve car c'était le souvenir très net
d'une chose réelle.

Un matin d'août, en 1912, au refuge d'Orny.
Le jour pointe et le vent coupe comme un couteau, la bise glacée d'avant l'aurore qui siffle
aux angles des rocs. Tandis que mon père et le
guide finissent de se préparer et remettent tout
en ordre dans la cabane, je suis parti en avant
jusqu'au glacier voir le lever de soleil. Sur
l'Oberland, des bandes de nuages traînent encore, noires, mais toutes les cimes du Valais
ont pris la teinte gris-vert lugubre qu'ont les
montagnes avant d'être rose et or. L'immense

glacier de Trient souffle une haleine froide et le mur granitique des Aiguilles Dorées se découpe en fines dentelures sur le ciel plus clair. Appuyé sur mon piolet, sac au dos, j'écoute le silence.

Un cri aigre, farouche, m'a fait lever la tête. Là-haut, deux oiseaux énormes tournent de grandes orbes qui vont se resserrant. Le soleil qui gagne dore leur plumage fauve... Et soudain, précipités l'un sur l'autre, ils se happent des serres en une boule informe, qui descend vers moi comme tombe une pierre, avec des sifflements de fureur et de grands battements de leurs vastes ailes. Mû par une peur instinctive, je me suis caché derrière un bloc de roche. Quand je me relève, les deux aigles sont là à quelques pas de moi sur la pente de neige, et sans délier leur emprise puissante ils luttent à grands coups de leurs becs énormes, avec des cris rauques et des coups d'ailes brutaux qui font voler la neige en tourbillons blancs.

En m'apercevant, ils se séparent. L'un deux s'enfuit d'un vol bas, oblique, peureux, rasant les pierres, et se perd bientôt dans les moraines. L'autre s'enlève à grandes ramées, étend ses pennes aigus, et remonte dans le soleil, sans bouger, en faisant de grands cercles...

A l'endroit de leur lutte ,la neige fouettée et labourée par les longues plumes raides est criblée d'une pluie rouge, et je me souviens être resté longtemps pensif devant la pente de la montagne où, pour la première fois, j'ai vu, rouge sur la neige blanche, le sang des aigles-rois...

XXX

Quand j'ai entendu le canon, j'ai compris.
Depuis quelques jours les journaux, les conver-
sations des infirmiers, l'agitation de tous dans
l'hôpital me faisaient prévoir la nouvelle, mais
je n'avais pu secouer l'accablement qui me couvre depuis ma dernière blessure. Non que la
chose en soi vaille la peine d'en parler : une
balle à la poitrine c'est tout ou rien, on y reste
sur le coup ou ça dure huit jours. Depuis longtemps je serais sur pied sans le vent de folie qui
a soufflé sur mes derniers jours d'escadrille.
Avant-hier seulement la fièvre est tombée et je
me suis retrouvé sur pied, quoique très faible.
Le major m'a dit que j'avais déliré pendant
vingt jours et qu'à un moment il avait dû me
faire attacher sur mon lit. Je lui ai demandé
en plaisantant ce que j'avais bien pu raconter,

mais la figure qu'il a prise m'a empêché d'insister.

Je sais.

Ce qui a battu dans ma tête comme une noix sèche dans sa coque vide, c'est la bataille finale où j'ai égoïstement rué mes hommes, et dont je suis revenu presque seul. Toutes les nuits j'ai revécu la seconde dans laquelle en virant sur Vouziers avec mon groupe, j'ai vu les chasseurs allemands entre nous et le front comme une plaque noire. Ils étaient une quinzaine, tous à la même hauteur, serrés en bataille, qui gagnaient peu à peu vers nous. J'ai pointé vers eux et peu à peu les points noirs se sont précisés, silhouettes bien connues taillées en squale, peintes de vert et de brun avec des capots rouges ou des damiers blancs et bleus, allemands et bavarois. Derrière moi ma force suivait, les avions cabrés, cherchant la hauteur, et j'ai donné comme un conscrit dans le vieux piège. Au moment où nous allions descendre sur les Allemands, une première gerbe nous est venue d'en haut, et tombant de près de mille mètres avec la vitesse de la chute et le moteur à fond une dizaine d'Albatros nous ont traversés. Je les voyais descendre, verticaux, par la tranche, le jet rouge des pièces traversant le cercle verni de l'hélice, et j'ai été touché aux premières balles. Alors en un instant tout s'est brouillé. Ceux que nous attaquions ont viré sur nous tandis que l'autre groupe remontait pour nous prendre par-dessous. Je n'ai plus eu que des intervalles lucides. Ils ont réussi à séparer trois ou quatre des nôtres qu'ils ont descendus déchiquetés ou en feu. J'avais une piqûre brûlante sous l'épaule et je fuyais, sans tirer, sans réagir, la tête appuyée au bord du fuselage, le dos moite du sang qui filtrait sous mes habits. Par deux fois le bruit de toile déchirée des mitrailleuses a résonné presque à mes oreilles, sans me faire ouvrir les yeux. J'entendais seulement les balles tinter sur mon moteur qui marchait toujours. A un moment j'ai entendu ronfler un autre Hispano et j'ai regardé. Un Spad était au-dessus de moi, tout près, si près que je distinguais nettement le carènage de son essieu et la toile de ses roues. Le pilote a fait un grand geste du bras et a viré. C'était Renaud. J'ai suivi dans cette direction nouvelle. Sans doute, avant, je m'enfonçais dans les lignes. Puis les Allemands sont arrivés, le combat a repris et la vigueur m'est revenue. Heureux les fantassins qui peuvent attendre les brancardiers! J'ai tiré à cinq ou six reprises, de tout près, mais sans grandes chances. Ils tournaient en rond autour de moi comme des éperviers. Plus tard j'ai vu les tranchées et j'ai distingué le bruit accru de la canonnade. J'ai suivi un Spad qui rentrait et, à sa suite, je me suis posé. J'ai conscience ensuite d'avoir été pansé tandis que mes pilotes m'entouraient. Quatre; nous étions partis onze! D'après mes hommes il y aurait au moins autant de Boches par terre mais je suis sceptique : ils étaient trop. J'ai demandé Renaud et ils ont détourné la tête. Depuis j'ai su. Seul il avait pu venir tomber dans nos lignes, et il était là, horribles restes longs comme le bras, racorni, rappetissé par le feu, dans une pauvre caisse faite à la hâte... les autres étaient restés de l'autre côté.

Alors quelque chose s'est brisé en moi, j'ai senti le sang me monter à la bouche, et je n'ai repris connaissance qu'ici dans ce luxueux hôpital de la place de l'Etoile, après avoir passé des semaines à gémir et à écumer. Toutes les nuits, je m'en souviens, le même cauchemar revenait. J'étais seul, très loin dans mon Spad et, retourné vers mon gouvernail, je voyais grossir sur le ciel clair de petits points noirs imperceptibles. De nouveau je regardais en avant. Le Spad filait à une allure insensée, baissant par grandes secousses, comme si les couches de l'air s'étaient effondrée sous lui en cascades. Au bout de quelques minutes, en me retournant, je voyais que les points noirs étaient devenus énormes. Ils avaient poussé des ailes et se groupaient en éventail derrière moi, comme des chiens de chasse. Derrière eux, le soleil baissait dans le ciel vide. Alors peu à peu j'entendais leurs moteurs, d'abord comme un vrombissement très doux, puis plus fort, avec interférences de sons et des rauquements de colère, et enfin la grande hurle des jours de bataille, avec ses tonnerres et ses sifflements.

Puis les Allemands passaient, à ma droite et à ma gauche, et se mettaient à tourner comme des vampires autour de moi. Ils étaient tous là, tous ceux que j'ai abattus, tous ceux que j'ai vu descendre, tous ceux que j'ai rencontrés. Le Gotha de Châlons se tordait dans la fumée, battant l'air de ses hélices énormes. Un Aviatik tournait en rond, le moteur en marche, silencieux, le pilote et son passager presque invisibles, cadavres froids tassés sur leur sièges. Peu à peu le cercle se resserrait autour de moi, tandis que je piquais vers la terre obstinée à fuir, et l'un d'entre eux arrivait comme une bombe, face à mon hélice. Au choc, ma tête s'emplissait de feux et cloches et je retombais dans mon lit, le dos glacé de sueur, les dents claquantes. Les spectres sont revenus au moins trente nuits, inlassables dans leur horreur. Enfin depuis deux jours tout est fini, mais la réaction nerveuse a fait de moi un chiffon.

Ce matin seulement, aux coups de canon de l'Armistice, lorsque la grande houle de Paris est venue battre l'Arc de Triomphe, j'ai demandé à sortir sur le balcon. On m'a installé une chaise-longue et j'ai endossé ma vieille vareuse trouée de balles. Le major m'a fait remarquer que j'avais une palme de plus à ma croix, mais je n'ai même pas demandé à voir la citation. A quoi bon? J'ai mis le papier dans ma poche. Sous moi, une mer de têtes hurlantes, des soldats en délire, tels des condamnés grâciés, des civils triomphants qui ont gagné la guerre, des femmes que l'on voiture à cheval sur des canons, des enfants que leurs parents promènent à bout de bras, afin qu'ils n'oublient jamais et prennent goût à la Victoire. Ah, il y en aura encore, des tueries, puisque la vieille joie du triomphe, la fierté de la brute renaît plus forte que jamais... Et les houles de la foule, à l'étroit dans la place de l'Etoile, battent inlassablement les murailles, comme pour monter à l'assaut des maisons! Quand je songe que tous ces feutres et ces vestons abritent de prétendus réformés et de soi-disant inaptes, qui depuis des heures charrient des canons de Bercy à Montmartre... et qu'au Chemin des Dames, à Navarin, à la Folie nous avons faibli faute de quelques centaines de casques bleus!...

Doucement, une main s'est posée sur mon épaule. C'est le major, et derrière lui... Gisèle.

— Capitaine Péral, j'ai pensé, tellement vous aviez réclamé Madame, que ce jour d'armistice ne serait pas complet pour vous sans sa présence.

Evidemment. J'ai dû en raconter de belles, puisqu'il a su jusqu'à son adresse. Gisèle reste en place, hésitante. Elle a véritablement une jolie robe, bleue avec un col blanc.

— Georges, je suis venue parce que vous m'appeliez.

Madeleine aussi est venue, une autre fois, avant. Mais l'homme qui l'a prise pour femme, le mutilé de l'Hartmann, mérite que je ne pense plus à elle.

— Georges, j'ai désiré être avec vous aujourd'hui.

Elle regarde autour d'elle avec un joli sourire :

— Mais dites-donc, Georges, et votre bonne d'enfant, le bon gros Péruweltz?

Dieu! tout entier au souvenir de la dernière bataille, je... je l'avais oublié. Je ne sais si ma figure a parlé, mais Gisèle devient pâle.

— Mon Dieu, Georges, ce bon Péru que j'aimais bien parce qu'il t'aimait tant...

Enfin je puis parler, et les mots sifflent.

— Va-t-en!

Mais ce n'est plus sur ma chaise-longue

qu'une pauvre fille qui pleure et qui suffoque... elle l'aimait bien, elle aussi, et je revois le bon sourire de Péru mort dans sa tourelle, une plaque de sang au front.

Discrètement, le major s'est éclipsé, en refermant la fenêtre. Nous sommes seuls sur ce balcon et derrière mon dos les vitres tremblent à chaque salve des 75. La clameur de la foule monte toujours plus haute, plus aiguë, plus fébrile. Ce soir Paris ne sera qu'une grande torche incendiée dont le reflet rougeoira sur le ciel jusqu'aux confins du monde. A gros sanglots lents, Gisèle pleure. Elle a raison, puisqu'à nous deux nous avons tué Péru, le bon géant tendre. Et devant cette femme et cette ville, devant tout ce qui a été ma vie depuis quatre ans, tandis que les remous de la horde ondulent sur la place, devant le grand cri de gloire et de joie de Paris debout, l'Alsace et la Lorraine reconquises, le délire de la victoire et du canon, un doute me vient. Cela valait-il, pour la race, le meurtre de tous ceux qui auraient fait une France noble? Cela valait-il la peine de décimer les élites, les jeunes, les chefs de sections d'infanterie, les chefs de pièces, les

chefs de tanks, les chefs d'escadrilles qui auraient fait la France grande?

Sur le balcon de la Faculté de Droit, en
juillet 1914, nous étions vingt-deux étudiants,
bons amis. J'ai la photo. Nous restons trois,
trois infirmes mâchés par la mitraille. Ce qui
prouve que la route est belle pour ceux que
leurs « relations » leurs « protections » leur
« incapacité » — leur lâcheté pour tout dire —
va nous opposer dans la vie, carré intact, co-
horte victorieuse. Demain je serai civil, bon
imbécile ayant gâché sa jeunesse, homme déjà
grisonnant qui partit enfant. Fallait-il donc
être forts, intelligents, tant attendre de la vie et
tant pouvoir lui donner pour ne faire que des
morts? Ils ont raison de crier et de hurler, pour
ne pas entendre. Si tout le sang de la Guerre
pouvait tenir dans cette place, la fière voûte
de l'Arc disparaîtrait au fond du gouffre
comme un caillou quelconque, et la jolie fille
qui pleure à mes côtés ne fera pas plus beau
squelette que ceux de Vauquois et de Carency.

Ce soir, quand sous la lune blafarde, la va-
peur des tombes se lèvera comme toutes les
nuits, des ravins d'Alsace aux canaux de Bel-

gique, la tragédie sinistre crachera à la face des héros sa dernière insulte, plus immonde que toutes les danses macabres que rêva le Moyen âge peureux et trouble.

Demain, la vie recommence, et malgré tout l'héroïsme, la boue des tranchées, les assauts, les hivers, les obus, l'endurance si noble des poilus, la grande griserie de l'avion, il va falloir faire table rase de toute notre vie actuelle, nous les soldats.

Maintenant il va falloir vivre, traîner sa vie chaque jour, et la terre est basse...

ACHEVÉ D'IMPRIMER
LE 19 JUIN 1931
PAR CHANTENAY
IMPRIMEUR A PARIS.

9 782329 199498